育人理论与实践探索

赵巧玲◆著

中国纺织出版社有限公司

内 容 提 要

本书以“十大”育人体系为指导，从组织育人、文化育人、心理育人、网络育人四个方面，以高校德育工作为研究对象，分析了在“十大”育人体系指导下高校德育工作的理论与实践。本书从育人和高校德育的基本理论入手，分析了高校德育工作构成与目标等内容；从高校实际出发，为高校德育的建设提供了理论支撑和可行的实践方案。本书紧跟时代步伐，贴合中国高校实际情况，适合高校德育研究人员、育人理论研究人员及相关德育工作者阅读参考。

图书在版编目（CIP）数据

育人理论与实践探索 / 赵巧玲著 .-- 北京：中国纺织出版社有限公司，2021.8

ISBN 978-7-5180-8712-9

Ⅰ .①育… Ⅱ .①赵… Ⅲ .①高等学校－教育研究－中国Ⅳ .① G649.21

中国版本图书馆 CIP 数据核字（2021）第 144742 号

责任编辑：张　强　　责任校对：楼旭红　　责任印制：王艳丽

中国纺织出版社有限公司出版发行

地址：北京市朝阳区百子湾东里 A407 号楼　邮政编码：100124

销售电话：010—67004422　传真：010—87155801

http://www.c-textilep.com

中国纺织出版社天猫旗舰店

官方微博 http://weibo.com/2119887771

天津千鹤文化传播有限公司印刷　各地新华书店经销

2021 年 8 月第 1 版第 1 次印刷

开本：710 × 1000　1/16　印张：13

字数：206 千字　定价：65.00 元

前言

在互联网时代，各种思想、文化相互碰撞，在一定程度上丰富了大学生的学习和生活，但是也为大学生的发展带来了诸多不利影响。高校在校生处于人生观、价值观和世界观形成的关键时期，如果不及时给予正确的指导，忽视育人尤其是德育教育，那么学生便容易在繁杂的世界中失去方向，甚至会做出一些危害自身或社会的事情。由此可见，德育教育在高校教育中占据着重要的地位。

众所周知，高校是培养高层次人才的摇篮，是传播前沿思想的阵地，承担着服务并引领社会的责任。不仅如此，高校还承担着培养德智体美全面发展的社会主义建设者和接班人的重要任务，因此高校必须牢固树立育人为本、德育为先的理念，坚持立德树人，将德育融入学校工作的各环节、各领域。这就要求我们一定要加强对高校德育工作的研究与分析，寻找适合新时代高校的德育发展途径。2017 年 12 月，教育部发布的《高校思想政治工作质量提升工程实施纲要》（以下简称《纲要》）提出“充分发挥课程、科研、实践、文化、网络、心理、管理、服务、资助、组织等方面工作的育人功能……切实构建‘十大’育人体系”。作者紧抓“十大”育人体系提出的契机，以《纲要》为指导文件，从德育这一育人角度入手，撰写了本书。

本书是基于大量育人工作经验、德育理论和实践，通过研究反思总结而来的，但限于时间和水平，书中难免有不足之处，希望广大读者提出意见与建议，以便进一步修改订正，以臻完善。

赵巧玲

2021 年 1 月

目录

第一章 基本理论：新时代育人与高校德育的理论

第一节　新时代高校德育基本概述

一、德育的由来与内涵

（一）德育的由来

“德育”是近代才出现的概念。德国哲学家康德（Kant）在18世纪七八十年代的教育学讲座中，把遵从道德法则培养自由人的教育称为“道德教育”。英国学者斯宾塞（Spencer）于1861年出版的《教育论》，使“智育”“德育”“体育”逐渐成为教育世界的基本概念和常用术语。

“德育”一词于20世纪初传入我国。王国维1904年发表《叔本华之哲学及其教育学说》，介绍叔本华的“德育”与“知（智）育”“美育”思想；1906年，他又发表了《论教育之宗旨》，将“德育”“智育”“美育”合称为“心育”，与“体育”相提并论，论述身心和谐的教育宗旨。

1912年，蔡元培发表《对于新教育之意见》，主张“军国民教育”“实利主义教育”“公民道德教育”“世界观教育”“美感教育”五育并举。在其影响之下，当年国民政府颁布了“注重道德教育，以实利主义教育、军国民教育辅之，更以美感教育完成其道德”的教育宗旨。“德育”一词从此成为我国教育界通用的术语。

（二）德育的内涵

广义的德育指所有有目的、有计划地对社会成员在政治、思想与道德等方面施加影响的活动，包括社会德育、社区德育、学校德育和家庭德育等方面。

狭义的德育专指学校德育。学校德育是指教育者按照一定的社会或阶级要求，有目的、有计划、有系统地对受教育者施加思想、政治和道德等方面的影响，并通过受教育者积极的认识、体验与践行，以使其形成一定社会与阶级所需要的品德的教育活动，即教育者有目的地培养受教育者品德的活动。

二、新时代高校德育的新内涵

（一）科技道德教育

在知识经济时代，知识、科技、信息的创造和使用将成为社会生产的最主要形式，但依然以人为载体。人不仅是认识和实践的主体，也是道德的主体。人不仅要掌握经济发展的科学知识，还要具备能够保证知识经济发展的科技道德。知识经济的发展离不开道德的约束，良好的科技道德素质是科技和经济发展的重要保证。在知识经济时代，在高科技给人们带来便利的同时，高科技犯罪也有所增加，如计算机“黑客”盗窃电子货币或运用高科技手段危害国家安全、社会稳定等。所以，知识经济时代应加强科技道德的教育。

（二）创新教育

创新是知识经济发展的灵魂。创新是一个民族进步的灵魂，是一个国家兴旺发达的不竭动力。高科技是知识经济的生命，而创造性是高科技的生命。任何一项科学技术的产生和发展总要经历从未知到已知的探索过程。闪烁着人类智慧的科技史就是不断发现、创新的历史。一个人仅知识渊博，缺乏创新精神，是不能给社会创造出新东西的。创新是知识经济时代中的主体所具备的宝贵品质，也是高校大学生德育教育的生命之源。创新教育应包括创新意识的培养、创造性思维的培养以及创新能力的培养。

（三）环境道德教育

知识经济时代，环保问题已成为一个全球性的关系到人类生死存亡的问题。人类在应用科学技术时，也会给赖以生存的自然环境带来前所未有的影响。例如，煤和石油的过度使用导致了温室气体的大量排放，汽车工业的发展导致了对城市大气的污染，制冷剂中的氟利昂对臭氧层产生了破坏作用，核武器带来的核战争威胁是人类文明最直接、最明显的威胁。进行环境道德教育是正确处理人与自然的关系，培养人们的环境道德意识，使人类能正确地认识自然并同自然和谐相处的重要途径。因此，进行环境道德教育是有极其重要的作用的。

（四）经济伦理教育

市场经济是法制经济，但法律并不能包罗万象，仍须强化人们的伦理道德观念。伦理道德有自己影响市场经济的渠道，市场经济则有自己的道德尺度，要把“依法治国”和“以德治国”紧密结合起来。法治与德治从来都是相辅相成、相互促进的。法治属于政治文明，德治属于道德建设和精神文明；法治是硬约束，具有强制性和权威性，而道德是软约束，具有感召力和引导力。只有把两者结合起来，才能使我们不失去正确的目标并有正确的行为规范。面对知识经济时代异常激烈的竞争，我们须倡导经济伦理教育，以规范人们在经济活动中的各种行为。

（五）协作教育

知识经济时代，团队协作是促进社会经济发展不可或缺的重要力量。作为在知识经济中居于核心地位的高科技，正向着多学科、微观粒子和浩瀚宇宙、地壳深部和广阔海洋进军，任何单一的知识都显得无力，必须是多学科相互渗透才能发挥知识的力量。在知识社会里，管理社会不是个人可以独立承担的工作。当创造知识成为社会经济生活的关键时，知识会成为集体劳动的结晶。在知识社会，合作将是起决定作用的生产要素。协作精神实质上是知识经济赋予集体主义以新的内涵。

三、新时代高校德育的理论支撑

高校德育工作以习近平新时代中国特色社会主义思想为指导。习近平总书记关于高校思想政治工作的重要讲话精神，对高校德育建设工作具有重要的现实指导意义。

（一）高校立身之本在于立德树人

党的十九大报告要求教育要“落实立德树人根本任务”。习近平总书记在全国高校思想政治工作会议上强调，“要坚持把立德树人作为中心环节，把思想政治工作贯穿教育教学全过程，实现全程育人、全方位育人，努力开创我国高等教育事业发展新局面”。一是高校要回归和坚守育人之道。高校承担着人才培养、服务社会、科学研究、传承文明等许多历史使命，但人才培养是首要和核心任务，是其他一切任务得以完成的前提和基础。二是高校要将德育工作贯穿教育教学全过程。坚持做到德育与教学、管理、后勤服务的有机结合和隐性渗透，达到全员育人、全方位育人和全过程育人。三是高校要将促进大学生德行发展和人格现代化作为人才培养的重要目标。习近平总书记在多种场合多次强调“国无德不兴，人无德不立”。因此，高校要坚持德育为先、德育为重，以德行发展和人格现代化来引领和促进大学生的全面发展。

（二）扎实办好中国特色社会主义高校

习近平总书记在全国高校思想政治工作会议上强调：“我国有独特的历史、独特的文化、独特的国情，决定了我国必须走自己的高等教育发展道路，扎实办好中国特色社会主义高校。”这蕴含了关于高校德育的重要的指导思想。

一是高校德育要传承和弘扬传统文化。2013 年 12 月，中共中央办公厅印发的《关于培育和践行社会主义核心价值观的意见》指出：“中华优秀传统文化积淀着中华民族最深沉的精神追求，包含着中华民族最根本的精神基因，代表着中华民族独特的精神标识，是中华民族生生不息、发展壮大的丰厚滋养。”

党的十八大以来，习近平总书记对传统文化的当代价值有过深刻的论述。2013 年 11 月，习近平在山东曲阜考察时明确提出：“一个国家、一个民族的强盛，总是以文化兴盛为支撑的，中华民族伟大复兴需要以中华文化发展繁荣为条件。”2014 年 9 月，在纪念孔子诞辰 2565 周年国际学术研讨会上，他进一步指出：“儒家思想同中华民族形成和发展过程中所产生的其他思想文化一道，记载了中华民族自古以来在建设家园的奋斗中开展的精神活动、进行的理性思维、创造的文化成果，反映了中华民族的精神追求，是中华民族生生不息、发展壮大的重要滋养。”全面领会和准确把握习近平总书记关于传承和弘扬传统文化的重要论述，对于在新形势下确立并坚持科学的传统文化价值观，丰富高校德育内容，创新高校德育思想，从而进一步增强传承和弘扬传统文化的责任感和使命感，具有极其重要的现实意义。

二是高校德育要积极培育和践行社会主义核心价值观。社会主义核心价值观是对中国特色社会主义理论体系的丰富和发展，是我国在多元文化竞争激烈的新形势下的价值规范和价值共识。

习近平总书记在考察北京大学时指出：“核心价值观，其实就是一种德，既是个人的德，也是一种大德，就是国家的德、社会的德。国无德不兴，人无德不立。如果一个民族、一个国家没有共同的核心价值观，莫衷一是，行无依归，那这个民族、这个国家就无法前进。这样的情形，在我国历史上，在当今世界上，都屡见不鲜。”因此，高校不仅要将培育和践行社会主义核心价值观作为德育的重要内容，还要将其融入课堂教学、课外实践、校园文化活动及日常生活之中，使之成为贯穿高校教育教学的主线。

三是明确了高校德育在现阶段的重要任务。习近平总书记在全国高校思想政治工作会议上指出：“我国高等教育发展方向要同我国发展的现实目标和未来方向紧密联系在一起，为人民服务，为中国共产党治国理政服务，为巩固和发展中国特色社会主义制度服务，为改革开放和社会主义现代化建设服务。”这些论述鲜明地指出了中国特色社会主义高校的重要任务，当然也是高校德育工作的重要任务，也为实现高校德育工作理念和目标现代化提供了科学依据。

（三）因事而化、因时而进、因势而新

习近平总书记在全国高校思想政治工作会议上强调，做好高校思想政治工作，要因事而化、因时而进、因势而新。这是对高校思想政治教育工作的总要求。深刻理解和准确把握这个总要求，对加强和改进高校德育工作具有重要的理论意义和实践价值。一是要准确把握大学生的思想脉搏，密切关注大学生的思想动态，遵循高校德育工作和大学生成长成才规律，及时、准确、有针对性地为大学生释疑解惑，引导大学生健康成长。二是要准确把握时代发展主题，紧跟时代发展步伐，与我国社会主义的现代化发展相适应，应时而动，顺时而进，使高校德育工作的目标理念、内容任务和方法手段做到关注时代发展、紧扣时代脉搏、顺应时代潮流、反映时代要求。三是要准确把握国际国内发展的新形势，主动顺应世界和中国的发展大势，沉着应对高校德育工作面临的新挑战和新机遇，积极推进高校德育工作的创新发展。

（四）传道者自己首先要明道、信道

习近平总书记在全国高校思想政治工作会议上强调：“教师是人类灵魂的工程师，承担着神圣使命。传道者自己首先要明道、信道。”习近平将高校德育工作者称为传道者，指出明道、信道是对高校德育工作队伍建设的要求。明道是指教育者要正确认识事物发展的普遍规律和本质特性。对于高校德育工作者而言，明道就是要正确认识我国高等教育事业尤其是高校德育工作的任务、性质和重要作用，明确自身所肩负的重要历史使命。正人须先正己，教育者要坚持修身意识，端正道德认知，树立正确的世界观、人生观和价值观，为学生树立榜样，努力做到以德立身、以德立学、以德施教。打铁还需自身硬，教育者要树立学习意识，加强自身思想道德建设，提高道德认知水平，不断改进和提升德育工作的方式方法。信道是指教育者要坚定共产

主义远大理想和中国特色社会主义的共同信念。马克思主义揭示了人类社会发展的必然规律，树立了共产主义的远大理想。教育者只有成为坚定的马克思主义者，才能成为人类文明的传播者，才能成为大学生成长成才的引导者。教育者要坚持中国特色社会主义道路自信、理论自信、制度自信、文化自信，在思想上、政治上、行动上与党中央保持高度一致，牢固树立和自觉践行政治意识、大局意识、核心意识和看齐意识，为实现中华民族伟大复兴的中国梦而努力奋斗。

（五）“两个巩固”

习近平总书记高度重视马克思主义在德育工作中的意识形态功能。他在全国宣传思想工作会议上指出：“宣传思想工作就是要巩固马克思主义在意识形态领域的指导地位，巩固全党全国人民团结奋斗的共同思想基础。”“两个巩固”揭示了马克思主义的意识形态功能，它的提出为新形势下我国宣传思想工作提出了新要求和新任务。“两个巩固”思想强调要以马克思主义为指导，坚定中国特色社会主义共同理想和共产主义信念，弘扬以爱国主义为核心的民族精神和以改革创新为核心的时代精神。“两个巩固”思想要求我们必须全面贯彻落实党的理论、路线、方针和政策，深入开展中国特色社会主义理论宣传教育工作；弘扬社会主义主旋律，传播社会正能量，扩大社会主义主流意识形态思想的影响力，激发广大人民群众团结奋进的内在潜能。“两个巩固”思想也为意识形态工作提供了有效的指导。“两个巩固”思想也为高校德育工作指明了方向，已成为我国德育工作不可或缺的重要内容，还为新时期高校德育工作确立了新目标，规定了新任务。高校一直都是意识形态教育的主要场所，鉴于此高校德育工作必须以“两个巩固”为指导，加强马克思主义理论在大学生中的宣传教育，引导在校大学生全面系统地掌握马克思主义基本理论，学会运用马克思主义基本原理分析和解决实际问题，为今后大学生投入社会主义现代化建设提供理论支撑。

（六）中国特色社会主义教育发展道路

2018 年 9 月，习近平总书记在全国教育大会上发表了重要讲话，他强调：“要在坚定理想信念上下功夫，教育引导学生树立共产主义远大理想和中国特色社会主义共同理想，增强学生的中国特色社会主义道路自信、理论自信、制度自信和文化自信，立志肩负起民族复兴的时代重任。要在厚植爱国主义情怀上下功夫，让爱国主义精神在学生心中牢牢扎根，教育引导学生热爱和拥护中国共产党，立志听党话、跟党走，立志扎根人民、奉献国家。要在加强品德修养上下功夫，教育引导学生培育和践行社会主义核心价值观，踏踏实实修好品德，成为有大爱大德大情怀的人。要在增长知识见识上下功夫，教育引导学生珍惜学习时光，心无旁骛求知问学，增长见识，丰富学识，沿着求真理、悟道理、明事理的方向前进。在培养奋斗精神上下功夫，教育引导学生树立高远志向，历练敢于担当、不懈奋斗的精神，具有勇于奋斗的精神状态、乐观向上的人生态度，做到刚健有为、自强不息。要在增强综合素质上下功夫，教育引导学生培养综合能力，培养创新思维。要树立健康第一的教育理念，开齐开足体育课，帮助学生在体育锻炼中享受乐趣、增强体质、健全人格、锤炼意志。要全面加强和改进学校美育，坚持以美育人、以文化人，提高学生审美和人文素养。要在学生中弘扬劳动精神，教育引导学生崇尚劳动、尊重劳动，懂得劳动最光荣、劳动最崇高、劳动最伟大、劳动最美丽的道理，长大后能够辛勤劳动、诚实劳动、创造性劳动。”这为新时代高校德育教育提供了新理论、新方法。

第二节　新时代高校德育的构成要素及内容系统构建

一、高校德育的构成要素

（一）政治教育

政治教育就是要引导学生坚持中国共产党的领导，形成坚定正确的政治方向、爱憎分明的政治态度和立场等。政治品质反映的是一定社会政治规范的思想意识和行为方式，是作为一个社会成员必须具有的素质。在社会主义社会，每个社会成员都是国家的主人，都必须能够正确处理个人与集体、个人与国家的关系。在对学生进行德育教育时，首先要求他们爱国家和人民，爱社会主义，把人民的利益当作至高无上的利益。只有这样，才能把他们培养成为合格的公民和社会主义的建设者。

（二）思想教育

思想教育就是引导学生逐步树立科学、正确的人生观和世界观。人的思想品质是在生活实践中、在一定的社会意识影响下形成的，是一定社会思想的反映，是个体行为的内驱力。对学生进行思想教育，主要是帮助学生客观认识自我，对人生的目标和生活的意义形成正确的认识，帮助他们明是非、走正路，以良好的生活态度健康成长。

（三）道德教育

道德教育就是引导学生逐步掌握一定社会的道德规范，履行道德义务，形成符合社会规范的道德品质。道德品质是个体社会道德规范的思想意识和行为方式的反映。人类社会经过长期发展，必然会逐步形成和积累一定的道德行为规范，这些规范是人类社会得以维系和发展的基本条件。因此，人在社会上生活，必然要遵循这些规范。在进行道德教育时，要教育学生爱父母、爱同学、爱他人，尊敬老师，自觉遵守社会道德规范，不做有损于社会和他人的事情。

（四）法纪教育

法纪教育引导学生充分认识社会主义法制对推动社会发展的重要性，培养其自觉遵守纪律的良好行为习惯。法纪品质是个体对社会主义法制纪律的精神实质的反映。在社会文明不断进步的同时，一些灰暗、消极的现象还在一定程度上存在，影响着社会环境的净化。仅依靠人们自觉的思想、道德约束是不够的，必须不断健全法制和纪律等强制措施。对学生进行法纪教育，就是帮助他们知法、懂法、守法守纪，自觉维护法制和纪律的尊严，减少乃至消除青年违法犯罪、危害社会的现象。

（五）心理健康教育

心理健康教育培养学生健全的人格和良好的个性心理品质。品德是个性心理品质的一种特殊表现。个体品德的发展与个性心理的发展是密不可分的。良好的心理品质有助于个人学习、生活和事业的成功。相反，心理品质不良很容易导致其品德不良，甚至违法犯罪。因此，心理品质教育在德育中也是不可忽视的。

二、高校德育构成要素之间的关系

（一）政治教育和道德教育的关系

第一，政治是一定社会阶级利益的最直接、最集中的反映，道德通过教育、舆论等影响方式去维护某种利益。

第二，政治主要体现于政权、宪法、政策、制度等形式之中，有强制性。道德反映的是人与人之间的关系，主要依靠社会舆论、传统习惯和人的内心信念来维护，是人的自觉行为。

第三，政治与道德是相互影响、相互作用的。政治可以控制道德规范和道德信念的传播，道德则可以为维护政治服务。因此，政治教育在不同的阶级社会有不同内涵，这更突出了德育的阶级性目的；道德教育存在于整个人类社会，在不同的阶段，道德教育的作用、内容和基本特征具有一定的共性，区别于政治教育。

（二）法纪教育与道德教育的关系

法律是一定社会阶级意志的表现，当人的言行触犯法律时，由国家司法机关强制执行制裁；道德则具有永恒性，社会、团体、群众组织、家庭都对人的行为起着无形的监督、调节和约束作用。但法律和道德又是相互补充的。法律是道德规范的延伸和最后保障，道德规范则对法律起着注释的作用。

（三）政治教育、道德教育与思想教育的关系

人的思想的核心是人的世界观、人生观和价值观。一方面，人的政治品质与道德品质都受一定的思想观点、立场和方法支配，即受一定的世界观、人生观、价值观支配。另一方面，作为个体的人，如果要适应一定社会的政治要求，具备社会所要求的道德品质，就必须加强世界观、人生观、价值观教育，使之符合全社会确立的占主导地位的共同目标、方向、信仰和行为准则。

（四）心理健康教育与政治、思想、道德、法纪教育的关系

在政治、思想、道德、法纪教育过程中，人的心理素质始终起着维持、调节和整合的作用，心理健康教育是德育过程中不可缺少的要素。通过多种方式对不同层次的学生进行心理健康教育和指导，可以帮助学生提高心理素质，健全人格，增强承受挫折、适应环境的能力。因此，政治教育、思想教育、道德教育、法纪教育和心理健康教育五要素相互联系，相互渗透，互为条件，互相制约，构成了德育统一体。在这个统一体中，五要素处于不同的地位，各自发挥自己的作用。

1. 思想政治教育是德育的根本

思想教育解决世界观、人生观、价值观等思想观念问题。政治教育解决立场、方向、道路问题。有的学者把前者称为“大德”或“公德”，把后者称为“小德”或“私德”。我们必须把这两方面有机地结合起来理解德育。政治教育决定着德育的内容，它决定着德育的性质和方向，制约影响着其他方面。思想教育在整个德育中起导向作用，为其他教育提供世界观、方法论的基础，对其他教育起直接的指导和促进作用。

中华人民共和国成立以来，中国共产党始终重视思想政治教育，把其定位为经济工作和其他一切工作的生命线，是团结全国全党各族人民实现党和国家各项任务的中心环节。中国共产党从“生命线”“中心环节”两个主要方面，对德育的思想政治工作做了明确、科学的定位。党的十八大以来，习近平总书记紧紧围绕新时期党员领导干部和人民群众的思想实际，提出和重申了一系列紧扣时代主题的思想政治教育新观点、新思想、新论述，丰富和发展了马克思主义思想政治教育理论的内涵。正因为中国共产党对思想政治工作的重视，才使党和国家克服了一次又一次困难和挫折，才使我们国家和民族形成了强大的凝聚力。

2. 道德教育是德育的核心

道德教育的内容包括对学生进行传统美德、社会公德、家庭美德、职业道德、环境道德教育。道德教育的目的是培养学生具有正确的道德认识、高尚的道德情感、坚强的道德意志和良好的道德行为习惯。

我国是一个古老的有着优良道德传统的国家，在长期的历史发展和现实变革中，逐步形成、发展了独具特色的道德文化。它表现为全体成员所具有的一种自觉的自我约束能力，一种个人对他人、对民族、对国家、对社会的责任感和无私奉献的精神。在我国的道德文化中有“仁、义、礼、智、信”这一道德准则，至今仍有教育意义，只是内涵有了新的发展；有“教子立志、教子孝悌、教子节俭、教子谦让”的家训，至今仍是我们家庭教育的内容；有颜回的仁、诸葛亮的智、关公的义、张飞的勇、杨家将的忠、包公的正直以及孔融让梨的千古美谈；有雷锋、张思德、焦裕禄、孔繁森等新时期的楷模。

那么，在社会主义市场经济条件下，应如何进行道德教育？回答是以利他为前提。提倡奉献，提倡“先天下之忧而忧，后天下之乐而乐”，提倡人与人之间同情、友爱、理解、互助，反对政治上的权力交换，反对医疗卫生领域中“红包”与生命的交易，反对社会舆论领域的有偿新闻等。

所以，道德教育是德育的核心，特别是应对学生进行传统美德、社会公德、家庭美德、职业道德、环境道德教育，提高学生的道德意识，不断地完善道德准则和道德规范，提高和强化社会道德水平。但是，不能把德育单纯地理解为道德教育，这种观点对德育界定失之过窄。学校德育必须按照党和国家的要求，坚持以习近平新时代中国特色社会主义思想为指导，高举中国特色社会主义旗帜，坚持正确的政治方向。

3. 法纪教育是德育的保证

法律和道德作为上层建筑的组成部分，都是维护、规范人们思想和行为的重要手段，它们相互联系、相互补充。法治以其权威性和强制手段规范社会成员的行为，德治以其说服力和劝导力提高社会成员的思想认识和道德觉悟。道德规范和法律规范应该相互结合，统一发挥作用。孔子说的“道之以政，齐之以刑，民免而无耻”就是这个意思。

4. 心理健康教育是德育的基础

心理健康教育的目的是适应改革开放和发展社会主义市场经济的需要。要把对学生进行心理健康教育作为德育的一个构成要素是德育发展的需要，这是因为随着改革开放和社会主义市场经济的发展，青年在升学、择业和人际关系方面出现一些新的困惑，他们的心理承受能力和适应能力不足，往往出现悲观、失望、沮丧、怅惘、忧郁、自卑等不良心理状态，造成神经衰弱、精神分裂，甚至自杀现象。这些问题不是政治教育、思想教育、道德教育、法纪教育可以解决的，因此有必要在德育中增加心理健康教育。心理健康教育为其他方面的教育提供赖以生存实施的基础和平台。

总之，德育无处不在，无时不有，每一个问题的产生和发展都蕴含着德育的内因的推动。德育又无人不有，无事不在，每一个教育事件的发生也都是德育思想和理念的引导结果。这就要求我们教育工作者要树立时时有德育、事事有德育、人人都是德育工作者的观念，也要求每一位教育工作者不但要“教好书”，而且要注意“育好人”。“教书”与“育人”都是我们教育工作者神圣的职责。

三、高校德育内容系统构建原则

（一）方向性原则

如今，我国与世界各国彼此开放、相互交流，面对西方意识形态的渗透，面对发达国家经济、科技、军事巨大优势的压力对大学生理想信念的冲击，我国高校德育内容创新一定要坚持社会主义方向。在经济全球化的今天，坚持方向性原则包含两个方面：一方面要坚持以实际问题为中心，坚持马克思主义与时俱进的品质，以发展中的马克思主义指导新的实践、武装大学生头脑，推进高校德育内容创新。另一方面要反对教条，反对自由化，即“不丢老祖宗”“又要说新话”。因此，高校德育内容的改革必须坚持以习近平新时代中国特色社会主义思想为指导。只有坚持社会主义方向，高举中国特色社会主义伟大旗帜，弘扬爱国主义、集体主义和社会主义主旋律，以理想信念教育为核心，加强教育，及时解决新时期大学生在形成正确世界观、人生观、价值观过程中不断出现的新问题，才能保证高校德育内容改革的方向。

（二）整体性原则

经济全球化实际上是人的活动方式、存在方式的社会化发展，也为人自身需要的品德、能力、社会交往关系的全面和谐发展创造了条件。简而言之，经济全球化需要具有高度文化素养和高尚道德品质、全面发展的人。这就要求高校德育内容创新应以培养全面发展的人为目标，坚持整体性原则。这种整体性原则体现在把学生培养为全面的人、独立的人、道德的人、健康的人、创新的人，不仅关注大学生的政治方向、思想观念等意识层面上的问题，也要关注他们情感与身心健康的发展；不仅要注重大学生知识、技能、思维的培养，也要重视他们人格素质与社会能力的培养。

（三）层次性原则

德育目标有一个层次化、系列化的过程，德育内容的安排也有相应的层次化、系列化过程。对于高校德育来说，德育内容的层次化尤为重要。这是因为传统的德育内容中往往会忽视或淡化了对学生进行基础文明教育及公德教育，使道德的教育只流于形式，违背了道德教育的规律，导致大学生的道德素质经不起考验。因此，高校德育内容既要立足现实，又要面向未来，适度超前，为大学生将来走向社会奠定良好的思想道德基础。

四、高校德育内容系统构建的思路

（一）弘扬主体性教育

所谓主体德育，简单地说，就是以学生为主体、教师为主导的德育，发展学生的主体性是主体德育的根本目的。主体性是人的本质的最根本属性，发展人就是要发展人的最本质属性。高校作为培养高级人才的地方，其德育的基本功能就是要发展人、完善人，因此高校德育的根本目的就是要发展和培养受教育者的主体性，突出受教育者的主体性也就应成为高校德育内容系统构建的出发点。

弘扬主体德育是实现高校德育内容全面构建的关键。主体德育体现了现代高校德育以人为本的精神，突出了德育内容构建与实施中的主体，突出了主体德行的全面发展。它以培养具有现代政治素质、思想素质、道德素质、法纪素质和心理素质的主体人格为根本，从深层次上把握了高校德育发展的关键要素——学生主体，因而也就从根本上实现了高校德育内容的全面构建。德育本身是一种主体性很强的实践活动，作为一种有目的地培养受教育者德行的活动，高校德育是通过促进主体人格化来展开的，而主体人格化过程就是人的主体性素质（政治素质、思想素质、道德素质、法纪素质和心理素质等）的不断培育和展现的过程。因此，在本质上高校德育就是一种关照受教育者的主体性活动，德育过程也是一种对受教育者的主体素质的全面培育过程。只有实施主体德育，即对德育主体全面进行政治教育、思想教育、道德教育、法纪教育和心理健康教育，才能真正实现高校德育内容的全面构建。

（二）彰显现实性教育

人的德行主要来源于现实生活，当今社会的政治、经济、文化、科技等无一不对把高校德育等同于理想教育提出了挑战。因此，高校德育内容构建的基础应从天上搬回人间，回归现实，扎根于生活实际之中，实现德育内容的生活化、层次化和现实化。

（三）凸显个性化教育

个性化教育的实质是以受教育者的个性差异为主要依据，让每一个学生都能找到自己个性才能发展的独特领域，以及接受以个性充分发展、人格健全为目标的教育。[1]它强调通过促进学生全面发展，使人成为自然和社会的主宰，发挥人的主观能动作用，拓展人的价值。德育的最根本逻辑与使命就在于"成人"，漠视这一点，德育便走向自身的悖论。因此，个性化教育应是高校德育内容构建的重要价值取向。从历史发展看，我国自古以来的德育都是过分重视社会化教育而忽视个性塑造，致使整个民族的创新意识和能力相对较弱。在知识经济时代，国与国的竞争说到底是人才的竞争，这要求高校培养大量创造性人才。事实证明，发展个性是发展人的创造性的基础，缺乏个性、丧失个性的学生往往缺少开拓性和创造性。所以，无论是从克服传统德育的弊病看，还是从时代发展的需要看，个性化教育是必需的。

第三节　新时代高校德育的目标及其特征

一、高校德育目标的内涵与类型

（一）高校德育目标的内涵

高校的德育目标是高校德育的重要内容之一。明确高校德育目标对指导高校德育实践，增强高校德育的科学性、实践性，具有举足轻重的作用。长期以来，我国高校德育目标的提法笼统而缺乏指导性，导致德育实效性低下。这一问题产生的原因与德育目标的认识不到位有着较大关系，因此我们必须先正确认识高校德育目标的内涵。

高校德育目标就是高校通过实施德育，使大学生在政治、思想、道德、心理素质方面所达到的水平及其标准符合高校对德育实践效果的预期，其分为高校德育总目标和分目标。

德育的总目标是德育实践的总方向和总要求。它一经确立，就决定着德育的根本内容、措施、步骤与方法等。所以，无论是制定具体的德育分目标，还是确定德育内容等，都必须建立在对德育总目标的充分理解和准确把握的基础上，并且始终要以德育的总目标为核心和灵魂。德育的分目标只有以总目标为中心，才显示出价值。德育总目标决定德育分目标，要求学校德育活动要始终如一地贯穿德育总目标的思想，真正用德育总目标统率德育工作，

[1] 孙立春．素质教育新论 [M]. 济南：山东教育出版社 ,1999:50.

从而提高育人规格的品位，培养出高品质的人才。德育总目标确定了培养人的总体规格和要求，具有高度的概括性与抽象性。在德育实践中，只有将其分解成具体的、可操作的、有标准的、分层次的目标体系，才有可能得到实现。在这里，德育分目标又成为德育实践的具体方向，体现着德育总目标在某一方面、某一阶段、某一水平上的具体要求。所以，德育分目标反映并服务于德育总目标。德育分目标服务于德育总目标，要求学校德育实践要努力完善德育目标体系，尤其要制定完整的、可操作性的、具体的德育分目标，使德育总目标得以落实并顺利实现。以往在制定德育目标时，往往以总目标代替分目标，而未制定具有可操作性的、具体的德育分目标。这样一来，德育培养的人才的品德规格缺乏具体标准，只有高度而无梯度，德育总目标得不到贯彻落实。这是我国长期以来学校德育实效低下的主要原因之一。

（二）高校德育目标的类型

根据高校德育构成的要素，我们可以将德育目标分为政治教育目标、思想教育目标、道德教育目标、法纪教育目标和心理健康教育目标。

1. 政治教育目标

政治教育目标主要包括培养学生具有坚定正确的政治方向和社会主义、共产主义信念，拥护党和国家的路线、方针、政策，坚持四项基本原则，坚持改革开放，在重大政治原则问题上是非界限分明，能站在党和人民的立场上，对各种错误思潮有一定辨别和抵制能力。

2. 思想教育目标

思想教育目标主要包括培养学生具有辩证唯物主义和历史唯物主义的观点，具有正确的人生观与价值观，能正确认识个人、集体与社会利益三者的关系，具有艰苦奋斗、为人民服务的思想，具有与社会主义市场经济、改革开放相适应的思想观点，具有实事求是、追求新知、独立思考、勇于创新等思想品质。

3. 道德教育目标

道德教育目标主要包括社会主义人道主义和社会公德两方面，基本要求是通过社会主义人道主义教育和社会公德教育，使学生热爱人、尊重人、信赖人，同情与帮助弱者，平等友好地与他人相处，遵守公共秩序，尊敬师长，尊重人的地位、价值等。上述道德教育目标既有各自特定的内容，有着各自的侧重点，同时是一个不可分割的、有着内在联系的有机整体。

4. 法纪教育目标

法纪教育目标主要包括民主与法治教育、自觉纪律教育。民主与法治教育目标主要是通过对青少年儿童进行民主与法治的陶冶与训练，使其养成热爱民主和遵守法制的基本观念，使其懂得两者的辩证关系。自觉纪律教育目标是指开展自觉纪律教育，使青年一代养成自觉遵守纪律的习惯和品质。

5. 心理健康教育目标

心理健康教育目标是提高全体学生的心理素质，充分开发他们的潜能，培养学生乐观、向上的心理品质，促进学生人格的健全发展，使学生不断正确认识自我，增强调控自我、承受挫折、适应环境的能力；培养学生健全的人格和良好的个性心理品质；对少数有心理困扰或心理障碍的学生，给予科学有效的心理咨询和辅导，使他们尽快摆脱障碍，调节自我，提高心理健康水平，增强自我教育能力。

二、高校德育目标的基本特征

（一）时代性

德育目标总是要打上时代的烙印。一方面，德育的目标要随着社会结构、社会生产和生活方式的变化而变化。另一方面，它又根据不同时代人们的思想品德发展水平提出相对较高的要求。脱离时代要求和当时人们的思想品德水平而提出的德育目标是毫无意义的。因此，高校德育目标要体现经济、政治、社会、文化发展对青年学生思想政治素质方面的要求。

第一，要培养学生具备与中国特色社会主义经济建设相适应的思想政治道德素质。这些素质包括现代人的文明素质、参与现代经济活动和国际竞争等方面的素质。

第二，要具备中国特色社会主义政治建设所需要的政治素质。要使学生关心国家的政治发展进程，了解党和国家的大政方针政策，树立民主法治意识，做合格公民。

第三，要具备中国特色社会主义社会建设所需要的人文素质。要培养学生关心社会、关心他人的意识，树立民生意识，提高学生参与社会管理、维护社会安定团结的自觉性。

第四，要具备较强的对思想道德问题的判断和分析能力，对什么是有利于社会发展的，什么是消极的、阻碍社会发展的因素，能够用正确的立场、观点去评判，去抵制，自觉地做一个有理想、有道德、有文化、有纪律的社会主义新人。

（二）继承性

强调德育目标的时代性，并不意味着否定一切传统的道德。优秀传统文化是一个国家、一个民族传承和发展的根本。我们主张，对传统道德，既不能全面否定，也不能照搬照抄。继承的目的是将传统道德中的优秀成分为今所用，使现代文明建立在牢固的根基之上。

中国是一个具有悠久历史和优秀传统文化的国家，素以“礼仪之邦”著称。中华民族的传统美德涉及道德领域的诸多方面，如爱国、为公、仁爱、谦和、诚朴、勤俭、廉明等。中国历代哲学家、思想家、教育家对德育的思考和论述源远流长，博大精深，且影响深远。那种“究天人之际，通古今之变”“自强不息”“厚德载物”的人生智慧具有强大的生命力和包容性，是中华文化的瑰宝。德育体系作为一种综合性的道德文化，必须而且必然根植于母体传统文化的沃土之中。传统美德的形成有当时特定的历史背景和条件，对待传统文化要坚持批判继承、去粗取精、古为今用的原则，使其成为德育的良好素材。

（三）融合性

德育目标的确立要敢于吸收优秀的外来文化。在对待西方文化的问题上，我们有过正反两方面的经验。现在我们可以清醒地认识到，采取闭关自守、全盘否定，或崇洋媚外、全盘西化这两种极端的观点都是错误的。正确的态度应当是分析、鉴别、学习、借鉴、吸收、利用。自欧洲文艺复兴以来形成的尊重人性、弘扬个性、崇尚科学、强调民主、强化法制的精神已成为缓解社会矛盾、推动社会进步的力量。要吸收、借鉴其中有价值的教育理念、教育内容和教育方法，做到洋为中用。凡是对我国经济和社会发展有积极作用的外来文化，特别是先进的科学技术，具有普遍适用性的经济管理和其他管理经验，先进的教育思想和教育方法，优秀的文学艺术、文化思想以及文明健康的生活方式与生活习惯等，我们都应该积极地予以吸收，使其成为德育目标的有益补充。

（四）统一性

由党和国家根据时代要求、社会稳定发展的历史任务和受教育者健康成长的需要所提出来的总目标，与我国青年一代的实际情况是一致的，具有明显的统一性。这种统一性表现在学校德育是由德育目标、内容、途径、方法、管理和评价等要素系统构成的一个统一的整体。动态地看，学生健康的心理素质，文明的行为习惯，良好的道德品质，科学的世界观、人生观、价值观，崇高的理想信念，坚定正确的政治方向是通过小学、中学、大学等各个阶段的教育逐步形成的。所以，德育的总体目标要统一构建，一以贯之，以保证在整个德育过程中要素结构的完整性和连续性。但是，德育目标本身又是一个复杂的、多层次的体系。实现德育目标每一进程，必须在总目标的指导制约之下，制定相应的具体德育目标，发挥其导向、选择、激励和评价的功能，否则很难达到理想的德育效果。高校的德育目标要从整体目标出发，要根据时代发展的需要和大学生的身心特点，制定出符合大学生群体要求的具体目标。

（五）差异性

由于学生个体的发展具有差异性，因此在确立德育目标时，要针对不同地域、不同对象、不同文化背景下的思想观念、个体生活背景、文化程度等提出切合实际的具体德育目标。

当代大学生的行为方式、思维方式和学习形式逐渐呈现出日趋多元化的特点，充满着浓厚的时代气息。他们思维活跃，喜欢接受具有时代感的新生事物，这也决定了高校德育内容要更多地体现时代性和多样化，以更好地吸引广大青年学生参与其中。要承认学生之间各方面的差异性，实现分散与集中相结合、一般与个别相结合等多种教育方式，积极创新德育的内容、方法、载体。作为德育的实施者，必须针对每个学生的实际情况进行教育。要注意从学生实际出发，分类、分层确立目标，使确定目标和实现目标的过程呈现螺旋式上升，这样的德育才更具有针对性、实效性。

三、高校德育总目标和分目标的不同特征

由于德育总目标具有高度的概括性与抽象性，德育分目标是德育实践的具体方向，体现着德育总目标在某一方面、某一阶段、某一水平上的具体要求，所以德育总目标和分目标还有各自不同的特征。

（一）高校德育总目标的特征

1. 唯一性

尽管学段不同，学生的品德发展水平也不尽相同，但德育均朝着相同的方向发展，总目标是一致的，即培养时代新人，具有明显的统一性。所以，德育总目标是学校德育的根本指针，是德育的总方向。

2. 超越性

德育总目标是着眼未来，高于学生的现实思想道德水平，反映的是社会发展对未来新人的品德期望和要求。它属于一种价值目标，因而它能为学校德育实践指明根本方向。

3. 现实性

德育是培养人的品德的教育，它理所当然要为现实服务。这要求德育总目标应积极适应现实社会和德育对象对品德的要求，并充分有效地发挥其现实功能。德育总目标是学校德育的灵魂和核心，是整个德育工作的出发点、总方向与最后归宿。

（二）高校德育分目标的特征

总目标具有概括性、抽象性和笼统性，不便于在实践中直接操作。因此，总目标应分解成分目标，通过分目标逐一地实现。一般而言，分目标是一个包含了使命、对象、指标、数量和时限等在内的系统。它表明了人类活动的最终期望和期望结果的可考核性的有机统一，是人类活动总目标的具体化。因此，高校德育分目标相对于总目标而言，具有如下基本特征。

1. 具体性

从德育分目标结果看，学生力求达到的品德状态和境界必须具体、明确、可考核。这种具体性在实践中一般表现为德育指标的确定性。指标既是分目标的表现形式，又是分目标的具体实际内容，其最大特点是具体明确。否则，德育分目标就显得空洞和抽象，成为难以把握和捉摸不定的东西。德育目标一经确立，就又成为更具体一级的分目标，即某方面所要实现和达到的具体目标。它承担着确定德育内容、手段与方法的作用，成为衡量某方面实际德育工作成效的标准。

2. 明晰性

从分目标实现过程来看，人们所期望取得何种状态或结果，在目标体系中都必须清楚明白。德育分目标的这一特征，在学校德育实践中表现为时限和指标的统一。德育分目标的明晰性还指其层次分明，即总目标与分目标的关系分明。

3. 综合性

首先，综合性表现为德育分目标体系的完整性。从思想教育分目标、政治教育分目标、法纪教育分目标、道德教育分目标到心理健康教育分目标要横向贯通。其次，综合性表现为德育目标制定的多依据性。德育目标制定从形式上看好像是主观的，是一种对德育活动的结果的主观预期，但它反映的内容和制定的依据是客观的。它既要考虑社会政治经济制度对人才的品德要求，也要考虑教育目标的要求，还要考虑青年人的品德发展规律。

四、正确认识“高校德育首位论”

学校教育要坚持育人为本，德育为先，把人才培养作为根本任务，把思想教育摆在首要位置，主要原因有以下几点。

（一）中国特色社会主义的性质要求学校教育把德育放在首要位置

教育是有阶级性的。古今中外，各个社会中占统治地位的阶级都是按本阶级的政治需要，把德育教育放在学校教育的首要地位，把代表统治阶级的政治信仰、思想意识、价值观念内化为一代新人的素质，都是为了育新人、取民心、得天下。因为只有这样，才能造就本阶级需要的人才，以维持和巩固其社会制度，所不同的是不同阶级实行不同的德育教育而已。

我们社会主义国家的教育是为社会主义培养各种专门人才的事业。社会主义的经济和政治决定了社会主义教育的性质、目的、制度、方针和教育的思想政治内容。社会主义教育的目的是培养社会主义事业所需要的各类人才，要求培养出来的人才必须为社会主义建设事业服务。这是我国高等教育的目的，也是高等学校的主要任务。社会主义制度的性质决定着社会主义高等教育的性质，同时决定着高等学校的办学方向，必须坚持党的领导，坚持社会主义方向，坚持马克思主义在学术工作中的指导地位。作为社会主义的高等学校，如果忘掉、丢掉，或摆错了德育的位置，就必然会迷失方向，误人子弟，误国误民。

（二）党的教育方针决定了学校教育要把德育放在首要位置

习近平总书记在党的十九大报告中指出：“中国特色社会主义进入了新时代，这是我国发展新的历史方位。”关于新时代党的教育方针，2019 年 3 月 18 日，习近平总书记在主持召开学校思想政治理论课教师座谈会时强调：“新时代贯彻党的教育方针，要坚持马克思主义指导地位，贯彻新时代中国特色社会主义思想，坚持社会主义办学方向，落实立德树人的根本任务，坚持教育为人民服务、为中国共产党治国理政服务、为巩固和发展中国特色社会主义制度服务、为改革开放和社会主义现代化建设服务，扎根中国大地办教育，同生产劳动和社会实践相结合，加快推进教育现代化、建设教育强国、办好人民满意的教育，努力培养担当民族复兴大任的时代新人，培养德智体美劳全面发展的社会主义建设者和接班人。”习近平总书记的重要讲话明确提出了新时代我国社会主义教育事业的总方向和根本方针，为办好新时代中国特色社会主义教育指明了方向。

新时代党的教育方针是党不断适应时代要求、总结教育规律、把握社会发展和人的发展要求而提出的教育事业行动指南，是中华人民共和国成立以来党的教育方针发展演进的结果。

在德智体全面发展的问题上，有人总结说，学生的智育不合格是“次品”，体育不合格是“废品”，而德育不合格则是“危险品”。它生动形象地阐述了德、智、体三个方面的关系。就育人来讲，三者是相互关联、相互依存、相互渗透、相互制约、相互促进、不可分割的统一整体。

根据马克思主义辩证唯物主义的观点，构成矛盾统一体的各方，其地位和作用是有主次之别的。如果没有这种明确的区分，就不可能弄清事物的性质、把握事物的本质。依据这一理论，在全面发展教育方面构成的矛盾统一体中，能够体现其性质、本质的，只能是德育。因为德育所要解决的是学生社会意识的问题，即政治立场、思想观点、行为规范等方面的问题。具体来说，德育是解决学生为谁而学、学成后为谁服务的问题。中国特色社会主义高校培养的是能够坚持正确的政治方向、拥护共产党的领导、愿为社会主义祖国献身的高级专门人才。要完成这一任务，只有依靠德育。

（三）学校的中心工作需要把德育放在首要位置

当前，以“教学为中心”的思想被各类高校充分重视并贯彻实施，“以教学为中心”无疑是正确的，它与德育不但不矛盾，而且是相辅相成的，缺一不可。

现代教育理论认为，教学应该着眼于学生的全面发展，培养全面和谐发展的人才。著名教学论专家赞可夫指出，教学的主要任务是“既在掌握知识和技能技巧方面达到高质量，又在学生的发展上取得重大进步”。也就是说，教学并非只是传授业务知识，片面地着眼于智力，而应当把教学看作落实教育方针的主要途径。教学过程中应当包括德育、智育和体育，而且德育应该是教学的一项主要内容和首要任务。如果离开了德育，整个教学过程就很难顺利进行，这已是被实践反复证明了的。

第四节　新时代高校“十大”育人体系概述[1]

一、新时代高校“十大”育人体系的基本任务

2017 年 12 月，教育部发布的《高校思想政治工作质量提升工程实施纲要》提出：“充分发挥课程、科研、实践、文化、网络、心理、管理、服务、资助、组织等方面工作的育人功能，挖掘育人要素，完善育人机制，优化评价激励，强化实施保障，切实构建‘十大’育人体系。”

（一）课程育人质量提升体系

大力推动以“课程思政”为目标的课堂教学改革，优化课程设置，修订专业教材，完善教学设计，加强教学管理，梳理各门专业课程所蕴含的思想政治教育元素和所承载的思想政治教育功能，融入课堂教学各环节，实现思想政治教育与知识体系教育的有机统一。

（二）科研育人质量提升体系

发挥科研育人功能，优化科研环节和程序，完善科研评价标准，改进

[1] 根据中共教育部党组印发的《高校思想政治工作质量提升工程实施纲要》。

学术评价方法，促进成果转化应用，引导师生树立正确的政治方向、价值取向、学术导向，培养师生至诚报国的理想追求、敢为人先的科学精神、开拓创新的进取意识和严谨求实的科研作风。

（三）实践育人质量提升体系

坚持理论教育与实践养成相结合，整合各类实践资源，强化项目管理，丰富实践内容，创新实践形式，拓展实践平台，完善支持机制，教育引导师生在亲身参与中增强实践能力、树立家国情怀。

（四）文化育人质量提升体系

注重以文化人、以文育人，深入开展中华优秀传统文化、革命文化、社会主义先进文化教育，推动中国特色社会主义文化繁荣兴盛，牢牢掌握高校意识形态工作领导权，践行和弘扬社会主义核心价值观，优化校风学风，繁荣校园文化，培育大学精神，建设优美环境，滋养师生心灵，涵育师生品行，引领社会风尚。

（五）网络育人质量提升体系

大力推进网络教育，加强校园网络文化建设与管理，拓展网络平台，丰富网络内容，建强网络队伍，净化网络空间，优化成果评价，推动思想政治工作传统优势同信息技术高度融合，引导师生强化网络意识，树立网络思维，提升网络文明素养，创作网络文化产品，传播主旋律、弘扬正能量，守护好网络精神家园。

（六）心理育人质量提升体系

坚持育心与育德相结合，加强人文关怀和心理疏导，深入构建教育教学、实践活动、咨询服务、预防干预、平台保障“五位一体”的心理健康教育工作格局，着力培育师生理性平和、积极向上的健康心态，促进师生心理健康素质与思想道德素质、科学文化素质协调发展。

（七）管理育人质量提升体系

把规范管理的严格要求和春风化雨、润物无声的教育方式结合起来，加强教育立法，遵守大学章程，完善校规校纪，健全自律公约，加强法治教育，全面推进依法治教，促进教育治理能力和治理体系现代化，强化科学管理对道德教育的保障功能，大力营造治理有方、管理到位、风清气正的育人环境。

（八）服务育人质量提升体系

把解决实际问题与解决思想问题结合起来，围绕师生、关照师生、服务师生，把握师生成长发展需要，提供靶向服务，增强供给能力，积极帮助解决师生工作学习中的合理诉求，在关心人、帮助人、服务人中教育人、引导人。

（九）资助育人质量提升体系

把“扶困”与“扶智”、“扶困”与“扶志”结合起来，建立国家资助、学校奖助、社会捐助、学生自助“四位一体”的发展型资助体系，构建物质帮助、道德浸润、能力拓展、精神激励有效融合的资助育人长效机制，实现无偿资助与有偿资助、显性资助与隐性资助的有机融合，形成“解困—育人—成才—回馈”的良性循环，着力培养受助学生自立自强、诚实守信、知恩感恩、勇于担当的良好品质。

（十）组织育人质量提升体系

把组织建设与教育引领结合起来，强化高校各类组织的育人职责，增强工作活力、促进工作创新、扩大工作覆盖面、提高辐射能力，发挥高校党委领导核心作用、院（系）党组织政治核心作用和基层党支部战斗堡垒作用，发挥工会、共青团、学生会、学生社团等组织的联系服务、团结凝聚师生的桥梁纽带作用，把思想政治教育贯穿各项工作和活动，促进师生全面发展。

二、新时代高校“十大”育人体系的主要内容

（一）统筹推进课程育人

深入推动习近平新时代中国特色社会主义思想进教材、进课堂、进头脑。完善课程设置管理、课程标准和教案评价制度，实施高校课程体系和教育教学创新计划，面向全体学生开设提高思想品德、人文素养、认知能力的哲学社会科学课程，创新高校思想政治理论课建设体系。修订各类专业教材，加强课堂教学设计，推进马克思主义理论研究和建设工程教材、思想政治理论课统编教材编写修订，研制课程育人指导意见，充分挖掘和运用各门课程蕴含的思想政治教育元素，并将其作为教材讲义必要章节、课堂讲授重

要内容和学生考核关键知识。发挥专业教师课程育人的主体作用，健全课程育人管理、运行体制，将课程育人作为教师思想政治工作的重要环节，作为教学督导和教师绩效考核的重要方面。加强教材使用和课堂教学管理，建立哲学社会科学专业核心课程教材目录，研制引进教材选用管理办法，建立国家优秀教材评选奖励制度，制定高校课堂教学管理指导意见，明确课堂教学的纪律要求。培育选树一批学科育人示范课程，建立一批课程思政研究中心。

（二）着力加强科研育人

改进科研环节和程序，把思想价值引领贯穿选题设计、科研立项、项目研究、成果运用全过程，把思想政治表现作为组建科研团队的底线要求。完善科研评价标准，改进学术评价方法，健全具有中国特色的学术评价标准和科研成果评价办法，构建集教育、预防、监督、惩治于一体的学术诚信体系，治理和遏制学术研究、科研成果不良倾向，组织编写师生学术规范与学术道德读本，在本科生中开设相关专题讲座，在研究生中开设相应公选课程。健全优秀成果评选推广机制，服务国家和区域经济发展，促进全社会思想文化建设。培养师生科学精神和创新意识，实施科研创新团队培育支持计划、科教协同育人计划、产学研合作协同育人计划等项目，引导师生积极参与科技创新团队和科研创新训练，及时掌握科技前沿动态，培养集体攻关、联合攻坚的团队精神和协作意识。加大学术名家、优秀学术团队先进事迹的宣传教育力度。大力培育全国高校黄大年式教师团队，培养选树一批科研育人示范项目、示范团队。

（三）扎实推动实践育人

整合实践资源，拓展实践平台，依托高新技术开发区、大学科技园、城市社区、农村乡镇、工矿企业、爱国主义教育场所等，建立多种形式的社会实践基地、创业实习基地。丰富实践内容，创新实践形式，广泛开展社会调查、生产劳动、社会公益、志愿服务、科技发明、勤工助学等社会实践活动，深入开展好大学生暑期“三下乡”“志愿服务西部计划”等传统经典项目，组织实施好“牢记时代使命，书写人生华章”“百万师生追寻习近平总书记成长足迹”“百万师生重走复兴之路”“百万师生‘一带一路’社会实践专项行动”等新时代社会实践精品项目，探索开展师生志愿服务评价认证。深入推进实践教学改革，分类制定实践教学标准，适度增加实践教学比重，原则上哲学社会科学类专业实践教学不少于总学分（学时）的15%，理工农医类专业不少于25%。加强创新创业教育，开发专门课程，健全课程体系，实施“大学生创新创业训练计划”，支持大学生成立创新创业类社团。完善支持机制，推动专业课实践教学、社会实践活动、创新创业教育、志愿服务、军事训练等载体有机融合，形成实践育人统筹推进工作格局，构建党委统筹部署、政府扎实推动、社会广泛参与、高校着力实施的实践育人协同体系。培育建设一批实践育人与创新创业示范基地。

（四）深入推进文化育人

推进中华优秀传统文化教育，实施“中华经典诵读工程”“中国传统节日振兴工程”，开展“礼敬中华优秀传统文化”“戏曲进校园”等文化建设活动，展示一批体育艺术文化成果，建设一批文化传承基地，引导高雅艺术、非物质文化、民族民间优秀文化走近师生。挖掘革命文化的育人内涵，实施“革命文化教育资源库建设工程”，开展“传承红色基因、担当复兴重任”主题教育活动，组织编排展演一批以革命先驱为原型的舞台剧、以革命精神为主题的歌舞音乐作品、以革命文化为内涵的网络作品；有效利用重大纪念日契机和重点文化基础设施开展革命文化教育。开展社会主义先进文化教育，开展高校师生社会主义核心价值观主题教育活动，推广展示一批社会主义核心价值观教育典型案例，选树宣传一批践行社会主义核心价值观先进典型。大力繁荣校园文化，创新校园文化品牌，挖掘校史校风校训校歌的教育作用，推进“一校一品”校园文化建设，引导高校建设特色校园文化；实施“高校原创文化经典推广行动计划”，支持师生原创歌剧、舞蹈、音乐、影视等文艺精品扩大影响力和辐射力；广泛开展“我的中国梦”等主题教育活动，推选展示一批高校校园文化建设优秀成果。建设美丽校园，制作发布高校优秀人文景观、自然景观名录，推动实现校园山、水、园、林、路、馆建设达到使用、审美、教育功能的和谐统一。广泛开展文明校园创建，评选“全国文明校园”，把高校建设成为社会主义精神文明高地。

（五）创新推动网络育人

加强工作统筹，建设高校思想政治工作网，打造信息发布、工作交流和数据分析平台，加强高校思想政治工作信息管理系统共建与资源互享。强化网络意识，提高建网用网管网能力，加强师生网络素养教育，编制《高校师生网络素养指南》，引导师生增强网络安全意识，遵守网络行为规范，养成文明网络生活方式。拓展网络平台，发挥全国高校校园网站联盟作用，推动“易班”综合性互动社区和“中国大学生在线”网络平台全国共建，推选展示一批校园网络名站名栏，引领建设校园网络新媒体矩阵。丰富网络内容，开展“大学生网络文化节”“高校网络育人优秀作品推选展示”“网络文明进校园”等网络文化建设活动，推广展示一批网络名篇名作。优化成果评价，建设“高校网络文化研究评价中心”，建立网络文化成果评价认证体系，推动将优秀网络文化成果纳入高校科研成果统计、列为教师职务职称评聘条件、作为师生评奖评优依据。培养网络力量，实施“网络教育名师培育支持计划”“校园好网民培养选树计划”，建设一支政治强、业务精、作风硬的网络工作队伍。

（六）大力促进心理育人

加强知识教育，把心理健康教育课程纳入学校整体教学计划，组织编写大学生心理健康教育示范教材，开发建设大学生心理健康等在线课程，实现心理健康知识教育全覆盖。开展宣传活动，举办“5·25”大学生心理健康节等品牌活动，充分利用网络、广播、微信公众号、App等方式，营造心理健康教育良好氛围，提高师生心理保健能力。强化咨询服务，提高心理健康教育咨询与服务中心建设水平，按照师生比不低于1：4 000配备心理健康教育专业教师，每校至少配备两名。加强预防干预，推广应用《中国大学生心理健康筛查量表》与“中国大学生心理健康网络测评系统”，提高心理健康素质测评覆盖面和科学性；建立学校、院系、班级、宿舍“四级”预警防控体系，完善心理危机干预工作预案，建立转介诊疗机制，提升工作前瞻性、针对性。完善工作保障，研制高校师生心理健康教育指导意见，保证生均经费投入和心理咨询辅导专用场地面积，建设校内外心理健康教育素质拓展培养基地，培育建设一批高校心理健康教育示范中心。

（七）切实强化管理育人

完善教育法律法规体系，加快制（修）订教育规章，保障师生员工合法权益。健全依法治校、管理育人制度体系，结合大学章程、校规校纪、自律公约修订完善，研究梳理高校各管理岗位的育人元素，编制岗位说明书，明确管理育人的内容和路径，丰富完善不同岗位、不同群体公约体系，引导师生培育自觉、强化自律。加强干部队伍管理，按照社会主义政治家、教育家要求和好干部标准，选好配强各级领导干部和领导班子，制定管理干部培训五年规划，提高各类管理干部育人能力。加强教师队伍管理，严把教师聘用、人才引进政治考核关，依法依规加大对各类违反师德和学术不端行为查处力度，及时纠正不良倾向和问题。加强经费使用管理，科学编制经费预算，确保教育经费投入的育人导向。强化保障功能，健全依法治校评价指标体系，深入开展依法治校创建活动。把育人功能发挥纳入管理岗位考核评价范围，作为评奖评优条件。培育一批管理育人示范岗，引导管理干部用良好的管理模式和管理行为影响和培养学生。

（八）不断深化服务育人

强化育人要求，研究梳理各类服务岗位所承载的育人功能，并作为工作的职责要求，体现在聘用、培训、考核等各环节。明确育人职能，在后勤保障服务中，持续开展“节粮节水节电”“节能宣传周”等主题教育活动，推动高校节约型校园建设建档，大力建设绿色校园，实施后勤员工素质提升计划，切实提高后勤保障水平和服务育人能力。在图书资料服务中，建设文献信息资源体系和服务体系，优化服务空间，注重用户体验，提高馆藏利用率和服务效率，开展信息素质教育，引导师生尊重和保护知识产权，维护信息安全。在医疗卫生服务中，制订健康教育教学计划，开展传染病预防、安全应急与急救等专题健康教育活动，培养师生公共卫生意识和卫生行为习惯。在安全保卫服务中，加强人防物防技防建设，全面开展安全教育，提高安保效能，培养师生安全意识和法制观念。增强供给能力，建设校园综合信息服务系统，充分满足师生学习、生活、工作中的合理需求。加强监督考核，落实服务目标责任制，把服务质量和育人效果作为评价服务岗位效能的依据和标准。选树一批服务育人先进典型模范，培育一批高校服务育人示范岗。

（九）全面推进资助育人

加强资助工作顶层设计，建立资助管理规范，完善勤工助学管理办法，构建资助对象、资助标准、资金分配、资金发放协调联动的精准资助工作体系。精准认定家庭经济困难学生，健全四级资助认定工作机制，采用家访、大数据分析和谈心谈话等方式，合理确定认定标准，建立家庭经济困难学生档案，实施动态管理。坚持资助育人导向，在奖学金评选发放环节，全面考查学生的学习成绩、创新发展、社会实践及道德品质等方面的综合表现，培养学生奋斗精神和感恩意识。在国家助学金申请发放环节，深入开展励志教育和感恩教育，培养学生爱党爱国爱社会主义意识。在国家助学贷款办理过程中，深入开展诚信教育和金融常识教育，培养学生法律意识、风险防范意识和契约精神。在勤工助学活动开展环节，着力培养学生自强不息、创新创业的进取精神。在基层就业、应征入伍学费补偿贷款代偿等工作环节中，培育学生树立正确的成才观和就业观。创新资助育人形式，实施“发展型资助的育人行动计划”“家庭经济困难学生能力素养培育计划”，开展“助学·筑梦·铸人”“诚信校园行”等主题教育活动，组织国家奖学金获奖学生担任“学生资助宣传大使”。培育建设一批发展型资助的育人示范项目，推选展示资助育人优秀案例和先进人物。

（十）积极优化组织育人

发挥各级党组织的育人保障功能，进一步理顺高校党委的领导体制机制，明确高校党委职责和决策机制，健全和完善高校党委领导下的校长负责制，推动学校各级党组织自觉担负起管党治党、办学治校、育人育才的主体责任。启动实施高校党建工作评估，全面推进校、院（系）党组织书记抓基层党建述职评议。实施教师党支部书记“双带头人”培育工程，分中央和地方两级开展示范培训。实施“高校基层党建对标争先计划”，开展“不忘初心、牢记使命”主题教育，遴选培育全国百个院（系）党建工作标杆，培育建设一批先进基层党组织，培养选树一批优秀共产党员、优秀党务工作者，创建示范性网上党建园地，推选展示一批党的建设优秀工作案例。发挥各类群团组织的育人纽带功能，推动工会、共青团、学生会等群团组织创新组织动员、引领教育的载体与形式，更好地代表师生、团结师生、服务师生，支持各类师生社团开展主题鲜明、健康有益、丰富多彩的活动，充分发挥教研室、学术梯队、班级、宿舍在师生成长中的凝聚、引导、服务作用。培育建设一批文明社团、文明班级、文明宿舍。

第二章 组织育人：学生社团、学生会与德育实践

第一节　组织育人理论阐述

一、组织育人的内涵

（一）组织育人的含义

根据学界专家现有的对“组织育人”的定义，结合“育人”的内涵，高校“组织育人”是指以各类型组织为载体，根据各类型组织的特点，发挥组织的育人功能，对学生进行思想政治教育，使学生成为价值观科学、对社会有用的社会主义接班人。

（二）组织育人与其他育人体系的关系

“十大”育人体系包括“课程、科研、实践、文化、网络、心理、管理、服务、资助、组织”育人。[1]教育部对“十大”育人体系中不同的育人举措提出了不同的要求，但在具体的育人实践中，这“十大”育人体系相辅相成，具有十分紧密的关系。其中，组织育人为其他育人体系提供了载体，就实践育人与组织育人的关系而言，组织育人的功能需要依托实践来实现。高校各类组织开展的组织活动本质上就是一种实践活动，正如马克思所言“全部社会生活在本质上是实践的”[2]，而实践育人又需要借助组织这一载体来实现，如高校学生会组织的校园文化活动就是一种实践活动，在这一过程中，学生干部在组织活动的过程中得到了锻炼，学生在参与活动的过程中也受到了校园文化的熏陶，此类活动既能够发挥组织育人的作用，也能够发挥实践育人的作用。就组织育人与文化育人的关系而言，高校组织要发挥育人功能需要有良好的组织文化，党组织有党组织文化，学生组织也有学生组织的文化，组织育人无形之中也发挥了文化育人的作用，同时良好的组织文化又能够推动组织育人功能的发挥。就组织育人与网络育人的关系而言，高校组织包括

---

[1] 邓晖．教育部发布《高校思想政治工作质量提升工程实施纲要》[N]．光明日报，2017-12-07(12).

[2] 中共中央马克思恩格斯列宁斯大林著作编译局．马克思恩格斯选集：第 1 卷 [M]．北京：人民出版社，1995:56.

网络组织，高校网络育人的功能在很大程度上要依靠网络组织来发挥，网络组织是网络育人的载体，网络育人反过来又能够促进网络组织的良性发展。因此，“十大”育人体系中的每个方面不是独立存在的，而是相互促进、相辅相成的。

（三）高校组织的类型及其特点

研究高校组织育人工作，不仅要了解高校组织的类型，还要了解各类型组织的特点。高校组织主要有六大类：一是各级党组织，包括学校党委、院系二级党组织及基层党支部等，党组织在高校各类型组织的发展中起统领作用，是各级组织的领导核心和政治核心，其政治性较强；二是党的群团组织，包括团委、工会、妇联等，此类组织主要是负责联系群众和服务青年，其群众性较强；三是教学科研组织，包括各专业教研室、学术委员会、职称评定委员会、专业协会、行政班级等，此类组织主要是为教学科研而成立，其专业性和学术性较强；四是学生组织，包括学生会、研究生会、学生管理委员会、学生社团等，其自主性、活跃性、娱乐性较强；五是校友组织，包括校友会、校友成立的各种教育基金会、行业协会，部分校友组织是校友根据地域或者行业成立的，是校友与校友、校友与学校联系与沟通的纽带，还有一部分是一些优秀的校友为了回馈母校、帮助师生成立的，因此此类组织具有很强的服务性与示范性；六是网络组织，包括校园官网、微博和微信公众号、微信群和 QQ 群等，此类组织是依托互联网建立起来的，其虚拟性、灵活性较强，同时很多 QQ 群、微信群是为了某项工作或某项活动而建，因此网络组织还具有临时性、随意性的特点。高校组织类型众多，在研究上难以做到面面俱到，因此本书选取了学生组织这一类型的组织作为研究对象。

二、高校组织育人的功能

组织育人的功能类似于组织在育人过程中发挥的作用，但又与作用不完全相同。作用有正面和负面之分，有好坏之分，而功能则是积极正面的，组织育人的功能体现着组织育人的效果，不同类型的组织有着不同的育人功能，挖掘组织育人的功能是全面有效发挥组织育人功能的前提。总体而言，高校组织育人的功能主要有思想引领功能、行为规范功能、能力提升功能和榜样示范功能。

（一）思想引领功能

思想引领功能主要是指高校组织通过开展理论学习、组织学生活动对学生进行思想政治教育，将学生的思想统一到社会主义建设上来，主要表现在凝聚爱党爱国思想、塑造正确的价值观及加强理想信念教育。

1. 凝聚爱党爱国思想

习近平总书记在全国高校思想政治工作会议上的讲话中明确了我国高等教育的发展方向，系统而深刻地回答了高校思想政治教育“培养什么人”的根本问题。中国共产党是马克思主义政党，高校基层党组织通过宣传党的思想和主张，运用党的理论方针政策教育广大学生党员，能够凝聚其思想，增强其爱党爱国爱社会主义的信念。

2. 塑造正确的价值观

思想能够指导实践。大学生由于世界观、价值观、人生观尚未完全定型，其价值观可塑性较强。然而当前，我们正处于经济全球化、世界多极化、信息多样化的国际环境中，一些西方的不良社会思潮逐渐侵入大学校园，互联网的迅速发展拓宽了这些不良社会思潮传播的渠道，大学生吸收这些不良信息会对其价值观的形成产生消极的影响，甚至会扭曲其价值观。高校各类型组织通过开展理论学习活动、组织校园文化活动，能够传播马克思主义，弘扬社会主义核心价值观，传递正能量，让大学生能够用先进思想武装头脑，从而帮助大学生塑造正确的价值观。

3. 加强理想信念教育

习近平总书记在纪念五四运动 100 周年大会上的讲话对青年人提出了六点要求，其中第一点就是树立远大理想。拥有崇高的理想信念能够激发奋斗的动力，反之则会使人变得懈怠。大学生离开家庭去外地求学，脱离了父母管教，结束了高中时期紧张的学习生活，来到了环境较为宽松的象牙塔，难免会放松对自己的要求，尤其是一些自制力较差的学生，在生活上、学习上都很难严格要求自己。高校党组织通过对入党积极分子、发展对象、预备党员进行理想信念教育，引导学生树立共产主义远大理想，提升服务社会的责任感和使命感。各类型学生社团通过开展学生活动，如通过开展“三走”活动引导学生走出寝室、走下网络、走向操场，使学生摆脱懒散的状态，拥有积极阳光的心态，树立坚定的理想信念。

（二）行为规范功能

行为规范功能是指高校组织通过组织制度、组织规范、组织活动等对学生进行管理，以规范学生的行为，具体表现为日常生活行为规范和学习行为规范。

1. 日常生活行为规范

在高校中，无论是哪种类型的组织，都有其组织制度和组织规范。比如，学生会、研究生会、学生社团等学生组织要定期召开例会，对于参加会议的人员、时间地点和会议纪律也有明确的要求，组织成员在组织中必须遵守这些纪律要求才会有更好的发展，违背了这些纪律要求则会受到相应的惩罚。在学生组织中，如果组织成员无正当理由多次缺席例会，也会给予取消评优评先资格、除名等惩罚。因此，高校组织一方面能够增强学生的时间观念，使学生能够在日常生活中按时参加活动、按时参加会议，在与师生相处的过程中也做到遵守时间规定。另一方面则能够提升学生的规制、规则、规矩意识，使学生在日常生活中能够遵守制度规范、遵守组织纪律。

2. 学习行为规范

学习是大学生最重要的任务，对于大学生而言，不仅要学好专业知识，还要学好政治理论知识。比如，高校组织日常会定期开展政治理论学习活动，党组织以主题教育为契机组织学生党员学习习近平新时代中国特色社会主义思想、学习党章党规等，同时借助学习强国等平台，督促党员、入党积极分子学习政治理论知识，了解国内外时事，提升其政治素养。又如，学生会、研究生会、学生社团等学生组织对组织成员的学习成绩提出了更严格的要求，有挂科记录的学生原则上不能担任学生组织的主要负责人，这些要求也能够规范学生的学习行为，使其能够自觉学习、认真学习，把学习当作一种习惯，共同营造良好的学习氛围。

（三）榜样示范功能

榜样示范功能主要是指高校组织通过培养、选拔优秀学生，宣传先进事迹，发挥其在学生群体中的先进示范作用。榜样示范功能主要表现为为学生树立先进标杆、对学生进行精神激励。

1. 树立先进标杆

大学生刚刚进入大学学习时难免会产生孤独、迷茫、焦虑的情绪，尤其是对于大一的新生而言，在适应大学生活的过程中会感到很迷茫，在学习上、在毕业后的职业规划上找不到方向。高校党组织和学生组织中涌现出来的优秀学生能够树立先进标杆，包括在学习成绩方面、在学生工作方面、在创新创业方面取得了优异成绩的学生榜样，他们的事迹会对广大学生产生积极影响。他们的行为会被更多的学生效仿，让学生找到大学学习和生活的方向，明确自己在四年大学生活中应该成为什么样的人，以消除迷茫、焦虑的情绪。

2. 进行精神激励

高校组织中的先进榜样不仅能够为大学生树立先进标杆，也能对学生进行精神激励。精神激励对学生而言是一种隐性教育，这种教育方式是相对于显性教育而言的，先进榜样的事迹能够对学生的精神产生潜移默化的激励，这种激励是看不见的、间接的、无计划的。高校很多组织都会选树先进榜样，党组织和学生组织会结合学生日常工作表现和学习成绩评选年度大学生、优秀大学生党员、三好学生、优秀学生干部、优秀团干部等，荣誉称号的评选能够对学生进行精神激励，激励学生努力学习、积极参加校园文化活动、认真做好学生工作。此外，由于学生之间年龄相仿，生活在同一个校园环境中，具有相似的成长需求，朋辈之间更容易产生精神激励的作用。

（四）能力提升功能

能力提升功能是指高校组织通过组织活动、组织学习、组织管理等提升学生各方面的能力，包括组织协调能力、社会适应能力和今后工作所需要的实践技能。

1. 提升组织协调能力

我们经常可以听到这样一句话：没有参加过学生组织的大学生活是不完整也是不完美的。这句话虽然听起来有一些绝对，但的确是有道理的，高校党组织、学生组织由不同专业、不同年级、不同地域的人组合成了一个团队，在这个团队中大家共同组织活动、讨论学习、分享兴趣等，要发挥好这些组织的功能，必须要有组织负责人，包括学生党支部书记、学生会主席、社团会长等。在学生组织中，学生主要是进行自我管理、自我约束，有很大的自由度，在与组织成员交流的过程中能够提升组织沟通能力，这也是很多学生想加入学生组织的原因。开展活动能够培养学生的活动策划能力、活动组织能力、统筹协调能力。

2. 提升学生的社会适应能力

当前社会竞争日趋激烈，大学生的就业形势严峻。要更好地适应社会，必须具备良好的社会适应能力，包括良好的心理素质、独立处事的能力、人际沟通能力等。一方面，高校党组织、学生组织由不同的个体组成，学生需要与不同年龄、不同专业、不同地域的同学相处，提升自己的人际沟通能力。另一方面，高校各类型组织都会举办活动，学生干部在组织活动的过程中难免会遇到困难，学生在参与活动的过程中也会面临竞争压力，在这一过程中活动组织者和活动参与者的心理素质都能得到锻炼，在独立克服困难的过程也能提升独立处事的能力。

3. 丰富实践技能

亚里士多德曾说过："实践是正确的行为，是一个完全圆满地完成自身构成目的的活动。"[1]大学生获得实践技能也能使自身更加完善，大学生活能够帮助学生更好地从学校过渡到社会，而实践技能是适应社会最重要的硬实力之一。无论何种学生组织，都会结合自身职能和特点开展一些创新创业、社会调查等类型的实践活动。

第二节　高校学生社团及其德育功能建设措施

《中国大百科全书》对学生社团的解释是"中国中等学校和高等学校学生在自愿基础上自由结成的群众组织。这些社团可打破年级、系科以及学校的界限，团结兴趣爱好相近的同学，发挥他们在某方面的特长，开展有益于学生身心健康的活动"。从学生社团自身的角度来说，它具备自愿性、自发性和自主性，这些特点迎合了大学生追求个性、崇尚自由和完善自我的价值观念，加之我国经济的不断发展和高校教育体制改革的逐步深化，高校学生

[1] 李若冰．实践概念的历史考辨 [J]. 黑龙江社会科学 ,2008(6):35-37.

社团的规模不断扩大，成员大批增加，其活动质量和活动规模也相应地不断攀升，学生社团也凭借这类丰富多彩的社团活动及其社团文化的历史沉淀，愈来愈受到师生的喜爱。

一、高校学生社团及其类型

大学生社团是高校学生依据兴趣爱好自愿组成、按照章程自主开展活动的学生组织，高校学生社团活动是实施素质教育的重要途径和有效方式，在加强校园文化建设、提高学生综合素质、引导学生适应社会、促进学生成才就业等方面发挥着重要作用，是新形势下有效凝聚学生、开展思想政治教育的重要组织动员方式，是以班级或年级为主开展学生思想政治教育的重要补充。

目前涉及高校学生社团类型的文献主要从学生社团活动的基本取向（包括专业取向与兴趣取向）对社团进行分类，也有学者根据社团管理中 ABC 晋级管理模式，按照不同社团的影响范围、经费支持以及晋级顺序分为 ABC 三类社团。由于社团具体活动涉猎广泛，因此中外高校一般按照活动的基本取向进行分类，如依据社团的活动类型可将社团大致分为五类：信仰型社团，如马列学会、巴勒斯坦团结委员会等；学术型社团，如化学俱乐部；文娱型社团，如管弦乐队、话剧社等；服务型社团，如青年志愿者协会、红十字之友等；地域性社团，如各种老乡会、中国学生联合会等。在本书中，高校学生社团的分类沿用了这一思路。

二、高校学生社团的德育功能

高校学生社团是以大学生为主体自主开展活动的学生组织，是大学生自我教育、自我管理、自我服务的重要阵地。“学校教育，育人为本，德智体美，德育为先。”因此，高校学生社团的德育功能是其众多功能中的最重要的一项功能。高校学生社团的德育功能主要表现在以下几方面。

（一）思想政治教育功能

高校学生社团是高校思想政治教育的重要载体。随着时代的发展，传统的载体越来越满足不了高校思想政治教育的需要。学生社团作为学校与学生之间的媒介能起到双向服务作用。学生社团通过举办各种活动对大学生的价值观、集体主义、社会主义等观念进行渗透教育，加上其本身就在学校领导下开展活动，这就使一些社团成为思想政治教育的载体。学校通过学生社团了解大学生思想政治状况，准确把握大学生思想动态，把思想政治教育渗透融合到社团活动中去。从整体来看，高校学生社团的思想政治教育功能主要包括以下几个方面。

1. 培养大学生爱国主义与爱校情怀

培养和加强学生的爱国主义与爱校情怀一向是社团活动的主要内容之一。作为有着强烈兴趣认同的学生组织的社团，其很多活动都蕴含着浓厚的爱国与爱校气息。每当重大的历史关头，如举办北京奥运会、迎接香港澳门回归、庆祝党的生日、庆祝学校生日的时候，都可以看到学生社团组织准备的具有丰富含义的各种活动，借活动表达自己的爱国情怀，表达大学生热爱母校，在党的光辉照耀下健康成长和永远跟党走的政治信念。

2. 弘扬大学生集体主义精神

学生社团组织本身就是一个集体，聚拢了有着共同的兴趣和爱好的同学。在某种意义上，社团本身的存在和发展就意味着集体主义精神的存在和发扬，而社团活动更使这种存在和发扬不断地延伸。同时，社团每一项活动的开展既为大学生提供了一个更为广阔的人际交往舞台，又使他们在实践中学会了如何协调和处理各方面的人际关系，提高了自身的人际交往能力，培养了大学生的合作意识和社会适应能力，这恰恰体现了社团活动中的一个很重要的功能——组织维系功能。学生通过参与社团的管理和活动，培养和强化了自己热爱集体的情感，强化了个体心中的集体意识。

3. 培养大学生民主与平等意识

共同参与、民主管理是学生社团内部管理方式的一大特色，平等交往与共处是学生社团生活的必然要求。在社团中，虽然每个人扮演的角色不同，在工作中承担的责任不一样，分工和地位也会有所区别，但是这并不影响社团成员之间的平等关系。一个社团要有效运转，其社团负责人就要获得全体成员发自内心的认可，社团负责人也要运用民主参与的方式来调动成员的主动性与积极性。

4. 培养大学生纪律与规范观念

虽然社团强调团结合作、民主平等，但是这并不等于社团内部可以容忍个人的自由散漫；相反，社团内部的团结合作、民主平等都需要一套成文或不成文的纪律和规范来维护。比如，文学社内部可能对社团成员的生活起居时间不做任何要求，但是社团对召开讨论会的时间、对各成员完成各自承担任务的时间会做明确的、严格的要求，不会容许开会迟到、中途无故早退的现象，也不会容许对承担的工作任务讨价还价或拖拖拉拉的现象。一个优秀的社团总是会通过协商来制定一些规章制度或公约，在内部营造一种讲究信用、遵守秩序的文化氛围。在这种团队活动中，在团员之间的相互监督下，大学生的纪律与规范观念可以得到加强。

总之，学生社团的健康发展能够提升高校思想政治教育的效果，拓展高校思想政治教育的空间，进而达到不断提高高校学生思想道德修养的目的。

（二）教育导向功能

学生社团的教育导向功能是指通过运用动员、监督、启发、教育、批评等方式引导大学生思想和行为，使之符合社会发展要求的正确方向。高校在开展德育工作时，必然要以其导向性作为基本前提，但在实施德育工作过程中，内容和形式上都稍显单一，拓宽高校德育工作的一条新途径就是大力发展学生社团的教育导向功能。每个学生社团在成立时都有其发展的目标和宗旨，这就是社团的中心任务，它决定着社团的性质和发展的方向，会对社团成员产生价值取向等方面的影响，而学生社团在活动中所体现的社团文化、团队精神也会对周围学生产生潜移默化的影响。

（三）素质拓展功能

当今世界，无论是经济竞争、科技竞争，还是综合国力的竞争，归根结底都是人才的竞争，而人才的竞争本质上是人才素质的竞争。素质教育已成为高校人才培养的大势所趋。素质教育具有全面性、广泛性、开发性等特征，它不仅要求学生德智体美劳全面发展，还要使学生的个性得到自由发展；不仅要开发智力因素，还要培养非智力因素；不仅要使学生学会学习，还要学会做人；不仅要求学校在教学思想、课程体系、教学方法、教学环境等方面构成多维的动态模式，还需要对学生进行多个环节、多种形式长期的熏陶和影响。高校学生社团是校园文化的重要载体之一，对培养大学生的素质具有重要的作用。

首先，高校学生社团对培养大学生思想品德素质具有重大作用。在学生社团活动过程中人与人之间的相互交往对大学生深刻理解道德规范的含义有重要意义，能使表面的道德规范内化为思想和意志，再把思想和意志外化为行为和习惯，培养大学生的社会责任感和无私奉献精神。

其次，高校学生社团促进了大学生心理素质发展。学生社团经常开展的有关心理健康讲座、心理咨询等活动可以引导大学生正确认识和完善自我，不断健全自己的人格。同时，社团活动可以满足大学生诸多心理需求，如友情、交际、自我价值实现以及赢得尊重等，有利于他们形成稳定的心理状态和保持心理健康。

再次，高校学生社团拓展了大学生专业素质。一系列社团活动（如科技竞赛、学术讲座等活动）可以调动和激发学生的学习积极性，提高大学生对专业知识学习及其他知识领域的认知和理解能力，进一步开阔视野和拓展知识范围。

最后，高校学生社团具有自主、开放的浓厚文化气氛，激发学生的好奇心和求知欲，帮助学生独立思考、自主学习，培养学生的探索精神、实践能力和创新思维。

（四）凝聚激励功能

学生社团的凝聚激励功能是指学生社团在活动中体现出的对社团成员的一种凝聚力和相互激励作用。学生社团的宗旨，决定了社团发展的方向，也是社团成员共同追求的目标和理想，因此能够凝聚社团成员为之共同努力工作，这也有利于培养大学生的团队精神和合作意识。在社团开展活动的过程中，为了完成既定任务和实现共同目标，社团成员要进行分工协作，从中可以发现自己的不足及他人的特长，认识到团结和合作的重要性。另外，因为共同的兴趣和爱好而组织在一起的学生社团对学生本身而言就具有强大的吸引力和号召力，学生社团通过社团活动激发社团成员的责任感、集体感、荣誉感等，使社团成员在活动过程中不断获得认同感、归属感和成就感。在此过程中，社团成员之间产生了友谊，这为互相激励也打下了良好基础，因此使社团成员不断产生内动力，进而达到共同发展和进步的目的。

（五）完善调节功能

高校学生社团的调节功能是指学生社团民主的、开放的、包容的组织形式与活动内容使大学生的人际关系、身心健康、人格健全等方面得到完善和调节。随着社会发展节奏的加快，人们在工作、学习和生活中的压力也越来越大，心理健康问题日益突出。尤其是当代大学生，他们社会阅历不深，自理能力不强，正处于人生观、世界观、价值观的形成时期，加上在我们的教育中存在着重应试、轻素质的问题，使他们中的某些人的心理健康状况处于一个不稳定的发展变化状态，甚至产生一些严重的心理疾病。远离家庭、处于心理“断乳期”的大学生非常渴望双向的情感交流，丰富多彩的学生社团活动为他们提供了共同活动的条件。在各种丰富多彩的社团活动中，特别是在与志同道合的同辈朋友的相处中，大学生可以获得安全感、归属感，并且能够充分展示自己的才能，从而增强了自信心。即使在社团活动中遇到挫折或者社团目标未能实现，社团成员之间也可以互相安慰，从而缓解心理压力和紧张情绪等。

（六）内化自律功能

德育的本真状态就是自教自律。高校学生社团产生和发展都是基于学生自愿和自觉遵守成员认可的社团章程。学生社团凝聚力、向心力的形成主要来源于社团成员的自觉自律意识，而学生社团在开展活动时恰恰重视和培养社团成员的责任感和集体荣誉感，而且这种责任感和集体荣誉感相对于其他组织和规章制度而言更容易使社团成员认同。学生从社团活动中获取的知识、感受、认识和思想容易内化为自己对人对事的态度。在社团活动中，一次竞赛、一个创意、一刹那的灵感都有可能烙印在心中，潜移默化地影响学生的思维方式、生活观念和价值取向。同时，在社团活动中形成的内在观念又反过来外化为自觉行动，用于指导学生的学习和生活。因此，自我管理、自我服务、自我教育的“三自”功能在学生社团文化中得以充分体现。

综上所述，学生社团为广大学生增长知识、开阔视野、完善能力、加强修养提供了舞台，也已经成为加强学生思想教育工作、拓展德育工作领域的重要载体和重要渠道。因此，重视和研究当代高校学生社团活动在德育中的功能，对于组织和引导高校学生社团的健康发展和做好高校学生德育工作具有重要意义。

三、高校学生社团德育功能建设的措施

（一）强化对学生社团的管理

高校应充分认识到学生社团是新形势下高校学生德育工作的新增长点，在规划德育整体布局时，充分重视学生社团的地位和作用。要强化对学生社团的管理，始终以理想信念为核心内容，坚持不懈地用习近平新时代中国特

色社会主义思想武装全校师生，教育和引导大学生树立正确的世界观、人生观和价值观，使学生社团发展坚持正确的价值导向和政治方向。另外，高校学生社团工作正常、有序地开展需要以完善、科学、高效的管理体制作为保障，因此加强和改进高校学生社团制度建设是不可或缺的。

1. 继续加强社团管理体制建设

根据各社团实际情况，因地制宜地加强高校各级社团管理制度，明确各层机构的权力责任。例如，笔者所在学校对学生社团的管理是由校团委主管，由社团联合会二级机构具体负责实现的，校团委注重对学生社团的宏观引导和管理，而社团联合会侧重对社团活动进行全面具体的管理，指导学生社团开展活动并提供必要的服务，及时解决社团建设与活动中出现的问题。

2. 建立健全社团内部管理制度

学校应致力于完善社团管理的各项规章制度，如社团审批制度、年度注册制度、评估考核制度、社团经费管理制度等，做到有章可循、有据可依，保证社团在规范有序的环境下开展活动。针对不同的问题，有针对性地制定切实可行的各级规章制度。通过德育工作进社团、党团组织建设进社团等措施，加强对学生社团组织的调控，建立学生社团评估体系和优秀社团评选、社团激励制度。这些措施将逐步使学生社团的工作进入规范化管理的轨道，进而提高学生社团的德育功能。

3. 加强学生社团的党团组织建设

德育必须重视党团组织的作用，如何在社团内建设好党团支部是值得进一步思考的问题。社团党团支部可以将当前党和国家的大政方针、学校的相关政策传递给学生，同时将广大学生出现的新问题、新情况反映给上级组织，使党团组织能够更好地了解学生动态。党团支部建到社团，促使党员、团员的思想政治影响力得到了延伸，党员、团员也可以在社团中发挥他们的先锋模范作用，从而扩展思想政治工作的领域。

（二）深化学生社团研究理论

加强高校学生社团德育功能的建设有助于我们通过深入实践，掌握实际情况，寻求德育的规律，有针对性地解决新问题与矛盾。然而，和目前学生社团的迅速发展相比，我们的相关研究却显得有些不足。高校学生社团建设应引起足够的重视，加强社团研究的理论研究。2005 年，由教育部和共青团中央联合发布的《关于加强和改进大学生社团工作的意见》明确指出要“建立研究机制。要以专家学者、干部教师和学生骨干为主体构建研究队伍，关注和研究学生社团发展中出现的新情况、新问题，掌握学生社团工作的动态信息，总结和把握高校学生社团发展的规律，为学生社团的繁荣发展提供理论支持”。学生社团工作研究并不是孤立的、单一的，应加强其与其他学科的交叉联系，因地制宜，针对具体的学校特色、学科特色开展相关的研究和调查，不断探索学生社团建设与发展的规律和经验，学习和借鉴国内外学生社团的管理经验，促进高校学生社团的健康持续发展。

（三）加强对学生社团的指导力度

学生社团的主体是学生，学生的积极性、主动性、创造性是学生社团的生命力所在。但从另一个角度看，教师的参与和必要的投入则是学生社团上层次、上水平、增强德育力度的关键所在。学生社团指导教师要具备丰富的教学经验、扎实的理论专业知识以及与学生平等交流的能力等。

为了鼓励高校教师积极参与学生社团活动，推动学生社团上水平、上层次、增强德育工作的实效性，学校应把教师在这方面的业绩作为评选教书育人先进和工作考核的重要依据，树立“全员德育”观念，鼓励热心学生社团工作的教师积极地参与学生社团活动，为学生社团建设提供教师指导力量的保障；要逐步建立起一套社团指导教师的奖励机制，结合具体的工作能力和学生的评价等综合考虑，对指导教师给予物质和精神上的奖励。

另外，应该充分发挥思想政治理论课教师的作用。针对学生普遍存在的理论基础差、学理论兴趣不浓的现状，思想政治理论课教师应主动配合校党委、校团委以及学生工作职能部门，加强马列主义研究会、邓小平理论读书会等理论社团的指导，在学生中建立学习理论兴趣小组。通过请专业教师开设讲座、举办辅导培训、学习心得交流和演讲比赛等多种形式，增强学习理论的实效性和趣味性，在学生中掀起学理论、学习习近平关于高校思想政治工作的重要论述和讲话精神的新高潮。重点建设一批理论研究型社团，加强对文学艺术类社团的引导，积极扶持公益服务类社团，使学生社团不断向高品位、高层次发展。同时，发扬学生的主体意识和自我意识，培养学生的自我管理、自我监督、实现自我的价值理念，引导学生积极向上，并且指导教师要尽量做到“指导而不领导，献策而不决策”，促使学生社团的教育与自我教育达到有效统一。

（四）规范学生社团建设

面对高校学生社团的迅速发展以及随之出现的规模庞大、管理松散等问题，建立一整套科学完善的制度来规范和管理学生社团的建设、推动学生社团健康持续发展是加强高校学生社团德育功能的又一重要举措。

高校学生社团自身存在着稳定性不够、成员流动快、负责人更迭频繁等问题，尽管有一定的规章制度，但存在内部组织管理松散、执行纪律不严格等问题，因此规范学生社团建设首先要帮助学生社团培养好社团负责人。社团负责人是学生中的优秀分子，在学生中有其独特的影响，要培养他们正确的世界观、人生观和价值观，教育他们处理好学习和工作的关系，使他们充分发挥榜样作用。要把那些积极参加集体活动、有一定组织管理能力、具备良好政治素质和心理素质的积极分子选拔为社团负责人，并加强对他们的培养教育，真正把学生社团建设成为高校大学生德育的重要基地。其次，要完善学生社团管理制度。社团成立要经过严格的审批制度和手续，学生加入社团要提出申请，加入以后要遵守相关制度和章程，并且积极参加活动。社团的一些基本制度（如规定、章程、经费管理、对外联络办法等）必须严格履行，并保持相对稳定，以增强学生社团的凝聚力。

（五）加大资金扶持力度

针对活动资金的有效组织和利用，高校学生社团应该拓展资金的来源，多渠道、多元化地筹集资金，同时做到有限资金的优化组织利用。首先，学生社团应放开思路和眼界，走出校园，寻求社会力量的支持，多渠道筹集活动资金，充分利用各种社会资源，这样既可以保证社团活动的顺利开展，又可以通过与社会的接触，增加学生的社会实践经验。其次，学校要加大对学生社团建设资金的投入，把学生社团建设列入学校整体建设中，对学生社团活动所必需的经费和基础设施给予充分保障。学校应根据实际情况，力求尽可能多地为学生社团提供必要的活动场所、办公地点和办公用具，为社员交流思想、开展工作提供切实可靠的物质保障。最后，在学生社团之间引入竞争机制，鼓励扶持那些深受学生喜爱的优秀社团，使有限资源得到最大优化组合，保证学生社团活动的顺利开展。

（六）推进学生社团品牌建设

在加强学生社团德育功能建设中，引入市场经济因素，推进品牌战略。

可以在巩固现有社团的基础上，打造一批精品学生社团，鼓励学生社团创新，注重培育社团特色，以创新求发展，以特色创品牌，以发展聚人心，努力构建学生社团新型活动体系。实践证明，社团文化要实现持续繁荣和发展，必须不断创新社团文化的发展机制。要在不断完善社团管理制度的基础上，引导学生社团根据学生日益增长的发展需求，努力创新社团文化内容及表现载体，把社团文化建设、网络文化建设有机结合起来，运用网络这一新型工具为社团发挥德育功能服务，如通过建立网上虚拟社团、建立学生社团网站、开展网上文化教育活动等构筑网上社团文化新阵地。不断探索社会化的社团文化建设之路，为社团文化的繁荣和发展注入源源不断的生机与活力，从而不断增强学生社团德育功能的有效性和针对性。

（七）扩大社团内外交流

加强高校学生社团德育功能建设，还需要结合自身实际情况，在借鉴和吸收国内外有关学生组织及学生社团的先进经验基础上不断创新。首先，应加强社团成员之间的交流，加强校内社团与社团的合作与交流。例如，笔者所在的高校，有的精品活动由两三个学生社团共同承办，这不仅增强了社团之间的合作协调能力，还扩大了活动的范围和影响力。其次，可以加强校内外甚至国内外学生社团的经验交流，如清华大学、复旦大学的学生社团建设已经卓有成效，并且形成了极具自身特色的社团文化，其完善的管理机制也值得很多社团借鉴和学习。随着科技的发展和网络信息的普及，我国高等教育也进入现代化，逐步与国际接轨，许多高校与国际高校的合作与交流不断加强，国外有关学生社团的各种研究理论也不断进入我们的视野，我们可以有针对性地鼓励和支持一些优秀社团走出校门，学习和借鉴国外优秀大学生社团的先进管理经验和方法，达到互相学习、取长补短的目的。只有通过不断学习、不断创新，才能增强学生社团的生命力，才能保持学生社团的健康可持续发展，也才能更好地发挥学生社团的德育功能。

总而言之，“立德树人，以德为先”是社会主义大学教育的根本要求，高校学生社团是大学人才培养中的有效环节和载体之一，必须服从和服务于这一根本要求，在社团建设中要贯彻落实习近平新时代中国特色社会主义思想，将以理想信念为核心的思想政治教育与学生具体实务、个性发展要求等结合起来，统筹兼顾，协调推进，在具有多样性和丰富性的各类社团活动和社团文化建设中，营造创新、奉献、和谐的氛围，实现社团德育功能的最大化。随着社会对高校学生社团的进一步关注和对社团德育功能建设研究的进一步深入，高校学生社团必将以更加清晰的发展轮廓和更为强大的生命力，在高校德育工作中发挥更大的作用。

第三节　高校学生会及其德育功能强化措施

一、高校学生会德育功能界定

（一）高校学生会的功能

1. 贯彻落实党的教育方针

高校学生会是在党组织领导、团组织指导和帮助下的群众组织，学生会以全心全意服务同学为宗旨，发挥学校党政联系广大同学的桥梁和纽带作用。高校学生会必须在党的领导下活动，意味着高校学生会首先必须要接受党在思想上的领导，履行思想政治教育的任务，通过开展一系列具有思想政治教育意义的活动，对全体学生开展马克思主义教育、中国革命史教育与社会主义建设理论教育，从而帮助学生树立正确的世界观、人生观、价值观。高校学生会要在“教育要面向现代化、面向世界、面向未来”的教育方针指导下，以服务于学生的全面发展为宗旨，为社会主义现代化建设服务，与生产劳动相结合，在当前市场经济深入发展、各种思想潮流竞相奔涌的背景下，始终与主旋律保持一致，为达到培养思想先进、具有创新精神和实践能力的高级专门人才的教育目标做出相关的努力。党对高校学生会的领导最根本的是在思想政治上保持先进性，确保党的教育方针的落实，也有利于维护校园秩序的和谐与稳定。

2. 开展“三自”教育

（1）高校学生会的自我管理功能。大学生自我管理就是指大学生为了实现高等教育的培养目标和满足社会日益发展对个人素质的要求，充分调动自己的主观能动性，卓有成效地利用和整合自我资源（身体、心理、时间、信息、思想和行为等），运用科学管理方法而开展的自我认知、自我计划与组织、自我监控、自我开发与自我教育等一系列活动。[1]自我管理既是一种“以

[1] 李满林. 大学生自我管理的内容及类型 [J]. 辽宁教育行政学院学报,2007,24(5):175-176.

人为本”教育理念的体现，旨在发挥学生主动性、加强自我意识、培养学生自我教育能力，又是一种新型的管理模式，即在管理过程中运用先进的思想观念去引导人、塑造人，最终达到教育的目的。

大学生的自我管理主要包括学习与能力培养自我管理、理想与志向自我管理、思想品德自我管理、日常生活自我管理、人际交往与情感自我管理和身心健康自我管理六项内容，涵盖了大学生生活的方方面面。

大学生自我管理需要相关的指导与组织，最有效的组织是高校学生会及其内部的社团组织。高校学生会作为学生自己的组织，代表广大学生的利益，通过有关途径和方式参与学校的有关管理工作，提出意见和建议，反映学生心声。学生会内部的学生社团等组织按照有关章程自主开展活动，通过建章立制规范自己的行为。

（2）高校学生会的自我教育功能。高校学生会对自我教育的履行主要是通过开展社团活动、密切大学生学术交流或者邀请名人举办学术讲座等活动开展。学生会通过组织读书会、学术社团，开展专业知识上的自我学习；通过学识交流，活跃学术气氛，激发学术兴趣，提高学生的学习与钻研能力。在德育方面，学生会可通过组织一系列爱国主义教育活动与其他社会实践活动提高学生的爱国主义精神与加强服务社会的意识。

（3）高校学生会的自我服务功能。大学生的自我服务主要是根据大学生活、学习等方面的价值与利益诉求，通过自身努力与学校管理部门、教育部门协调，以达到满足自身发展需求的活动。高校学生会内部的权益部就是为维护学生正当利益所设的组织，代表了学生利益。在学校管理与学生利益发生矛盾时，权益部能够通过协商等正当途径与学校协调，维护学生正当权益。高校学生会的自我服务功能同样体现在高校学生会组织的一系列活动中，如通过组织文体活动，满足大学生精神文化方面的需求；通过组织社会实践活动，满足大学生提高实践能力的需求。

3. 协助学校管理

高校学生会协助学校管理的功能首先体现在学生的自我管理上，学生会作为高校学生的自治组织，在生活、学习和社会实践各方面的自我管理是其突出特征。学生管理是学校管理的重要内容，学生会开展自我管理，无疑为高校学生管理分担了相关任务，并且通过维护校规校纪、沟通党政与广大同学的联系，做好上传下达，也有利于高校学生管理事务的顺利开展。其次，高校学生会通过参与涉及学生事务的民主管理，也有助于促进高校学生管理的民主化，从而改善高校学生管理工作，有效维护广大学生利益，创设良好的校园环境。随着高校管理民主化改革的深入，高校学生会在自我管理与参与、协助学校管理方面的功能将会逐步得到加强。

（二）高校学生会的德育功能

在高校学生会的功能介绍中已经包含了大学生德育的内容与价值取向。鲁洁教授更将大学生的自我教育理解为一种道德教育的方式。大学生作为由青春期步入成年期的个体，思想敏锐，批判性思维进一步发展，主体意识已经觉醒，加上当前信息时代社会上形形色色价值观的冲击与影响，在这样的背景下，依靠道德知识灌输的陈旧方式对大学生德育而言显然难以奏效，唯有通过创设良好的德育环境，促进大学生进行自我教育，实现道德规范的内化和道德行为的外化，以提高和完善个人思想道德品质，才能获得理想的德育效果。

大学里各种各样的学生社团以其组织的自发性、活动的自主性、工作的趣味性等符合学生的价值取向，并能够引导学生在自我参与、自主思考中达到自我教育的目的，发挥潜移默化的作用，增强德育教育的针对性和有效性。[1]高校学生社团本身属于高校学生会中的组织，在学生会常委会中通过社团部进行组织与协调，而高校学生会恰恰是各种社团中最基础的组织，学生社团作用的发挥在很大程度上取决于高校学生会的组织与协调。

可见，高校学生会在大学生德育过程中发挥着重要的作用。其作用主要集中在如下方面：首先，高校学生会组织活动在党组织的领导下与团组织的指导和帮助下开展，这从根本上保证了高校学生会在思想政治上的先进性，有利于贯彻落实党的教育方针，也有利于对大学生开展正确的世界观与价值观教育。其次，对于德育中的自我教育而言，高校学生会作为大学生自己的组织，其开展的社团活动是为大学生的自我发展而服务的，从而更有利于大学生在其中积极地开展自我教育，提高思想道德修养。最后，高校学生干部作为大学生群体中的品学兼优者，在学生会工作中发挥了模范作用，他们的言行也影响着高校学生会的其他成员，从而提高全体成员的道德素质。

[1] 单冬梅 . 通过大学生社团推进德育的几点思考 [J]. 吉林华桥外国语学院学报 ,2008(2):128-130.

二、高校学生会德育功能的具体表现

（一）学生会的价值引领功能

任何组织活动都有其组织目标与价值取向，它从根本上决定了组织活动的性质。高校学生会的宗旨是全心全意为学生服务，在思想上、政治上接受党组织的领导与团组织的帮助和指导，从而在思想上保证了其先进性。因此，高校学生会对大学生的道德教育意义首先体现在其对大学生的价值引领方面。

第一，高校学生会的价值引领功能体现在高校党组织的领导上。党对学生会的领导不仅是学生会在政治上保持先进性的重要保障，还是开展思想政治教育的制度保证。党的领导首先是思想政治上的领导，党组织可以通过学生会开展一系列爱国主义教育活动、马克思主义世界观教育活动以及党在新时期新的路线方针政策教育活动。这些教育活动能够促使大学生树立正确的世界观、价值观，为马克思主义关于人的全面发展学说指导下的大学生全面发展教育提供了坚实的思想基础。其次，通过党的领导可以将党的教育方针贯彻到学生会的组织活动中，从而有助于达成培养具有创新精神和实践能力的高级专门人才的目的。

第二，高校学生会的价值引领功能通过学生会和学生会内部学生社团组织的各种各样的文体活动与社会实践活动来实现。这些活动既是学生会日常活动的主要内容，又是大学生实施自我教育的良好平台。学生会活动的开展都是遵从“全心全意为学生服务”的宗旨。通过学生会有意识地组织的社区服务等社会实践活动，大学生能够亲身接触社会，提高适应社会的能力，增强社会责任感。

（二）学生会的楷模示范功能

楷模示范是道德教育的一种有效方式，也是思想政治教育的主要方式之一，党内各个时期内部涌现的模范人物集中体现了党的形象与核心价值。作为党领导下的学生群众组织，高校学生会德育功能的发挥也体现在楷模示范功能上。

首先，高校学生会干部是民主选举出来的优秀学生。作为学生干部，他们一般是在思想政治上积极进步，有着较强的组织、协调和执行能力的品学兼优者。他们通过履行学生会干部职责，努力做好学生与教师、学生与学生之间的沟通协调，无形中能对其他学生的言行起到感召作用。见贤思齐，通过优秀学生干部的示范，广大学生也能得到启发，不由自主地去模仿学生干部的行动，进而带动全体学生道德修养与相关能力的提高。

其次，在党的领导下，学生会中的学生党员与入党积极分子虽然不一定担当学生干部，但他们按照党员的标准来严格要求自己，以党员的身份起到思想政治上的模范引领作用，从而也有利于增进其他学生对党的切实了解，进而促进其思想上的进步。

最后，在学生会干部和学生党员的带动下，其他学生也会竞选学生会干部与积极入党，以求得思想上的进步。在这一过程中，大学生通过竞选学生会干部和履行学生会成员的职责，无形中也会增强其责任感与提高个人组织沟通与协调能力。

（三）学生会的情感寄托功能

学生会内部成员具有生理年龄相近、心理发展相似、文化程度相同、知识结构均衡等共性。学生会作为大学生群体的一种，具有如下群体特征。

第一，学生会作为全校学生的组织，也是高校大学生群体最基础的组织，具有明确的组织目标，宗旨是全心全意为学生服务，其活动的价值取向是着眼于大学生全面发展，为大学生的未来谋划。

第二，学生会有着严格的群体行为规范，这主要表现在学生会章程的明文规范，以及其成员自身在学生会工作与生活中形成的规范。学生会成员根据校园生活的特殊性和社会对他们的要求而约定俗成的一些行为规范在不断得到认可后会形成一种力量和心理尺度，成为大学生对自己和周围的人进行行为判断的标准，以此来调整群体中各种关系和规范个人的行为。

第三，全心全意为学生服务、为大学生全面发展服务是学生会的组织目标。说到底，学生会中每个成员都是学生会的主人，学生会着眼于大学生发展所设的组织目标是大学生的根本利益所在，因此更能引起其内部成员在情感上的认同。

第四，学生会组织内部具有鲜明的群体意识。大学生集体生活时间较长、接触频率高、互相影响较大是这个群体意识鲜明的重要因素，大学生对自己在群体中的地位、群体对自己的接受程度、群体的凝聚力、群体生活氛围等诸多问题非常关注。他们往往会根据群体的需要自觉调整自己的思想和行为，以寻求心理平衡和归属感。

第五，大学生的群体构成相对稳定。无论是本科生还是研究生，他们在一定的时期内都处于校园这个环境中，时间段的相对稳定也导致内部成员构成的稳定。

个体不可能脱离群体而生活。上述学生会的群体特征无疑会使处于其中的成员对学生会有着强烈的组织认同感与情感寄托。他们往往把学生会视为学生之家，将其视为自己提高能力、自我发展的有利平台。组织认同感与情感寄托作为人的非理性因素，本身在思想政治教育中也发挥着重要的作用。实践的主体是知、情、意相统一的个人，实践主体能力的发挥不仅取决于知识的主导作用，还总是伴随着主体对客体的情感体验。

情感对人的行为具有激发、催化作用，可以保证人们形成强烈的动机，影响人们对价值信息的选择、评价和判断。[1]从对道德规范的自我认知，到内心认同，再到内化、形成道德观念，最后转变为道德行为，情感等非理性因素的作用始终贯穿这一过程。高校学生会作为大学生的情感寄托所在，无疑会对大学生的道德教育产生重要的影响。

（四）学生会的权益维护功能

学生会代表了学生群体的利益，在学校管理中起着维护学生权益的作用，这可以通过学生会全体代表大会集中体现出来。学生会全体代表大会在全校范围内实现了最广泛的民主，全体学生的意志与利益诉求通过学生会全体代表大会选举学生干部、制定学生会规章制度得到有效的表达，学生个体的权利也可以通过学生会内部的某些机构的运行（如权益部的维权活动）得到有效的保障。随着市场经济的深入发展，个体的主体性开始觉醒，个体的权利意识也逐步增强，反映在高校内部学生会组织变动上，集中体现在权益部的设立。权益部以捍卫学生正当利益为准绳，通过捍卫学生自身正当利益，改进某些不合理的管理方式，这既提高了学生的民主参与意识，又加强了高校的民主管理。

高校学生民主参与意识通过学生会干部选举集中体现出来。学生会全体代表大会在全校范围内实现了最广泛的民主，广大学生群体按照民主的原则与公正的程序选举自己认可的学生干部，一人一票，有利于公民意识的培养。中山大学学生会主席的选举率先在国内高校实行直选，大幅提升了学生干部选举的公开性、透明度。这本身也表明了作为学生的自治组织，学生会应该而且能够成为培养社会主义公民意识的试验场。

---

[1] 沈大光．论人的非理性因素与思想政治教育 [J]. 济南大学学报 (社会科学版),2007,17(6):37-40.

三、高校学生会德育功能强化的措施

（一）加强高校学生会组织结构建设

1. 加强党的领导和团的指导

学生会组织的工作，在任何时候都要坚持党的领导，贯彻落实党的教育方针，保证学生会组织健康发展，从学生中来，到学生中去，代表学生利益。

高校党团组织应重视学生会的建设优化问题，把学生会组织工作纳入高校整体格局中进行谋划，勤于指导工作，相关领导老师要重视对学生骨干的培养和管理，关照学生，帮助学生干部研究工作方式方法，整体进行谋划，勤于指导工作，设计活动，定期听取相关报告并提出指导要求。学校领导层要加强对学生会组织的科学指导，尊重和支持学生会按照章程开展工作，重点从政治方面、组织方面和人才培养方面做出指导监督，建立健全学生会管理制度、奖惩机制、监督机制，在具体工作和活动进行中，提供学生发挥积极性、创造性和自主性的平台，在学生会组织干部培养、组织建设等方面给予指导和监督，在具体工作和活动进行中，为学生提供一个充满动力，有创造力和自我激励的平台。学生会组织应在团组织的指导下开展工作，协助加强管理学生会。把握学生社团工作的政治方向，鼓励学生社团开展健康有益、丰富多彩的校园活动，促进活动规范、有序发展。学校团组织要指导学生会健全经费执行的公开与监督机制，规范财务制度，增强财务工作的透明度，保障各项工作有序进行。

院（系）学生会组织方面，院（系）党委要根据校党委整体工作规划，结合学院学科特色与自身实际情况，对学生会组织工作进行谋划，院（系）团委相关领导老师要勤于指导本学院学生工作，具体地、有针对性地帮助学生，关照学生，把握学生会组织的政治方向，引导学生干部自主工作，创新工作方式方法，组织开展结合本学院学科特色的相关活动，配合校级学生会组织整体工作。落实学生干部的培养和管理，及时发现问题，指导工作，落实管理、监督、奖惩机制的运行。同时加强与校级、其他学院（系）学生会组织的交流学习，提升基层学生会组织的凝聚力和吸引力，促进高校学生会组织建设整体加强。

2. 健全学生会组织机制

第一，优化高校学生会的组织体系。《关于加强和改进高校学生会研究生会建设的指导意见》中，提到了要切实建立“学校、院系、班级”的三级联动工作格局。要明确校级学生会组织对学院（系）组织、二级学院（系）组织对班级委会的指导职责，应当重点从设计制度、开展活动、资源整合等方面，加强校级学生会组织对学院（系）学生会组织的联系、工作指导和帮助。建立健全相关制度，要求校级学生会组织在每年至少有一次能够听取二级学院（系）学生会组织工作报告及意见建议，可以通过集中会议或者书面形式的方式，并且促进校级学生会组织对学院（系）学生会组织工作进行考核工作，并对考核结果进行公开，由校团委指导，促进学生会、学生社团等学生组织更好地融合，共同服务学生成长成才。

第二，健全学生权益代表机制和维护机制。校级学生会组织应当成立相关的权益工作机构或者部门，负责开展代表和维护学生合法权益的日常工作。建立日常调研机制，搭建新媒体网络平台，开拓学生诉求通道，及时收集、听取与广大同学切身利益相关的问题，整理成报告，提交学校党政部门，并进行后续跟进，推动问题的解决。在学校团委指导下，与相关公益律师机构、法律援助机构等，建立经常性联系，能够为权益受到侵害的同学提供相关法律咨询、援助等服务。学校应该积极创造平台，比如开展“职能部门工作交流会”“师生座谈会”等活动，使学生能够与校党委、团委老师交流沟通，促进工作提升。校级学生会组织应合理参与学校日常工作，包括教育教学、后勤管理、学生奖惩等与学生相关的决策、评价与管理工作。同时可以让校级学生会组织的负责人成为学校管理决议机构的监督人员，积极参加学校相关会议，代表广大同学，合理表达同学的利益诉求。完善高校学生会评价机制，应当着眼于大学生全面发展的客观要求，在评价标准上做到平衡大学生发展与社会要求之间的问题，坚持评价主体和评价内容多元化，注重学生自我促进能力的提高，从而为高校学生会组织的思想政治教育作用的落实，提供有效的制度保障。

3. 明确学生会组织定位与职能

高校是培养社会主义接班人的重要场所，所以高校的思想政治教育成效直接关系到社会主义事业能否有合格的接班人，这就要求高校思政工作者充分利用学生会组织在高校思想政治工作中发挥的作用，提升在校大学生的政治觉悟、思想水平、综合素质以及道德修养，更好地教育人、培养人、塑造人。

第一，学生会组织是在党组织的领导下、团组织的指导下的学生组织，并且不断巩固和完善党领导下的“一心双环”团学组织格局，自我教育、自我管理、自我服务、自我监督的重要学生组织，各级学生社团同样作为学生会的工作范围应当在团的引导下加强管理规范，在校级学生会组织中，一般情况下设立一名主席团内成员专门负责各社团工作，成立社团联合会，全面负责社团的各项工作。

第二，大力推动学生会组织在高校工作中的重要地位，把学生会组织的工作范围职能写入学校章程，同时，学生会组织应当加强自身建设管理，完成工作章程和细则。规范工作流程。把全心全意为同学服务与解决同学们最实际的利益作为出发点，充分发挥学生会组织的对广大青年的引领和指导作用，在学生维权、学风建设、全面发展、树立正确世界观、人生观、价值观方面发挥重要作用。

第三，发挥学生会组织在学校老师学生之间的平台作用。以贴近学生实际为目标，以思想道德建设为基础，以学生全面发展为目标，充分调动广大学生的主观能动性，同时加强学生会组织在学生中做到真正提高思想政治教育的针对性、实效性。

4. 改善工作指导方式

团委要改变对学生会抓得太紧、指导过细的现状，要变指导为引导，促进学生会组织采取灵活多样的形式，自主开展工作。根据学生干部的自身特点，提供空间让他们有所发挥，学会在工作指导上运用典型导向，规范学生会活动的形式、内容和过程。引导学生会在开展工作中，注重活动发挥的思想引领作用，时刻坚定党的教育目标，贯彻党的教育政策，弘扬主旋律，以大力促进学生践行社会主义核心价值观为目的，有效地开展工作。高校学生会是校园文化建设的生力军，既需要坚持“立德树人”的教育目标，发挥育人作用，同时要兼顾组织内成员的活动目的。在进行活动的组织策划时，要坚持多元化的原则，将高校育人需求和个人发展需求相统一，适应新时代大学生的特点，创造丰富的校园文化活动。育人是学校进行一切工作的核心，也是组织各项活动的根本目的，学生会组织作为高校思政工作的重要助手，也要坚持育人的工作目标，保持开放性的态度，自觉吸收外部的有益因素，自主丰富活动形式和活动内容。

5. 充分利用新媒体等载体

随着信息时代的不断发展，互联网已实现对大学生的“全面覆盖”，网络、移动通讯平台成为大学生的生活的基本交流方式。互联网为大学生获取信息、发展个性充分发展提供了更加广阔的空间，同时也给高校思想政治教育工作带来机遇与挑战。利用好网络平台和新媒体，拓展学生会工作的新方式、新内容，创新利用新载体，对学生开展他们乐于接受的思想政治教育，有利于促进新时代学生会组织的全面发展。如今很多高校学生会组织都设置了独立的，专门负责新媒体运营的职能部门，各高校的官方公众号关注量、阅读量、转发量持续增加，可见新媒体越来越广泛地影响到学生获取信息的方式。当前大学生几乎是 95 后，甚至 00 后，他们是在网络时代成长起来的，互联网充斥着生活的方方面面。学生会组织应充分利用新媒体载体的独特优越性，宣传党的教育方针政策，营造良好舆论氛围，同时做好准备防止非主流文化在多方面的侵蚀。此外，在保持思想宣传的水平基础上，还要为学生参与学生会的工作开拓新渠道和新途径。

6. 加强组织作风建设

学生会组织不仅是学生自我教育的组织者，也是学生的管理者。学生会组织在形成、发展中，学生会干部起到了十分重要的作用。新时代的高校学生会不能只有管理意识，更应该具有服务学生的意识。提升学生会成员思想素质要做到以下三个方面：首先，要强化政治理论学习，督促学生干部学习马列理论，提高其政治觉悟和理论水平。其次，培养学生会干部的奉献精神。学生会成员有吃苦耐劳的品质，拥有奉献精神，会促进他们拥有前进的动力，在工作中能始终保持较高的热情，而拥有时代精神将会提高学生干部的工作自主性和创新能力，促使他们始终跟随时代发展的需求，紧跟学生的潮流思想，改进和创新工作方法，提高工作效果与服务水平。最后，要提高学生会干部的业务能力。学生会主席团成员以及各职能部门的领导者要能发现每位成员的优缺点，根据学生会特点，结合部门的工作领域及工作内容，定期组织学生干部培训，各种方式相结合，保证学生会成员业务能力能够稳步提升，使学生会成员在工作中能够扬长避短、共同进步。

学生干部要成为优秀的决策者和组织者，就要不断增强领导才能，提高综合素质，在具备管理能力、交际能力的同时，更重要的是要培养自己的主动意识和创新意识。大学不仅是一个学习知识，增长见识的平台，更是学生展示自我、提高能力的平台。要提高学生干部的创新意识和创新能力，必须鼓励学生会干部更多地参与到各种比赛竞赛中去，让学生干部不仅担当活动的组织者，也可以是活动的参与者，在活动中提升创新意识。

学生干部可以定期到其他高校交流学习，借鉴经验，提高学生会干部的整体素质，从自己的思想出发，增强向心力和核心凝聚力，发挥学生会干部的主导作用。同时，开展工作作风建设专项培训，不断增强学生干部服务意识，发挥主导作用，建设拥有坚定立场和远见卓识，学习成绩优异，为学生服务的学生干部队伍。建立学生干部监督机制，接受广大学生的监督，将工作作风建设作为学生干部选拔、评价和使用的评价体系，杜绝官僚化与行政化。

7. 给予经费和场地保障

学校共青团在工作指导与开展中，应当重视对学生会组织的经费保障与场地保障。高校各个部门要联合保障，在人员、经费、物质、场地各方面配合，才会收获好的工作成效。学校共青团应当根据学校或者学院（系）的实际情况，提供专门的学生会办公室、会议室等，以保证学生干部开例会、做计划、相互交流学习有地方，开展活动有场地。并投入足够的经费用来提升学生会组织工作，改善工作环境，在办公用品、开展活动、场地建设、活动设施等方面加以投资，保障学生会组织拥有良好的工作环境与平台，更好地为青年学生服务。

8. 勇于改革创新

党的十九大报告明确指出中国特色社会主义进入了新时代，这是广大青年学生大有可为的新时代，是高校学生会组织迎来宝贵发展机遇的新时代。一方面，高校学生会组织要勇于改革创新，逐渐完善学生会组织工作机制，创新工作的方式方法，注重各项活动载体的创新，以高校青年学子乐于接受的方式，利用好网络新媒体平台，教育与引导青年。另一方面，在党的领导与团的指导下，要不断加强学生会组织自身建设，坚持问题导向，结合高校实际情况和办学特色，结合院（系）具体学科特色，有重点、分阶段地持续推进高校学生会组织改革，有效利用学生会组织这一载体扩展思想政治教育工作，帮助引导青年学生积极适应新时代的社会需求，成长为德智体美全面发展的时代新人。

（二）科学合理地引导高校学生会活动的开展

1. 在活动开展的目标方面，要注重人才培养趋向

高校学生会活动必须回到育人功能的本位上来。要从高校学生会全心全意为学生服务的宗旨出发，切实着眼于大学生的发展需要，开展行之有效的活动。学生会活动的开展要以促进高校学生发展为准则，不能以获取利益为目的，如拉取校外赞助举办某些文体活动，应该对其执行有效的监督，不能让个别学生干部中饱私囊。活动奖项的设置与评奖活动应该本着公正、公开、透明的原则，真正发挥奖励的激励作用，而不是以亲疏定奖励，以奖励的方式管理、控制学生。要明确管理者的职责不是对学生活动进行干预，在关涉学生奖励资源分配上，管理者一定要退出。管理者应该与广大学生一道，是规则执行的监督者，而非执行者。

从原则上说，以人为本、全面发展的教育方针势必能够促进高校学生会德育功能的发挥，关键是要做到行之有效的贯彻。负责学生管理的党团组织与政治辅导员必须坚持以正确的世界观、价值观引导学生会活动的开展，积极探索行之有效的思想政治教育方式，力图将党的教育方针贯彻到学生会活动中去。坚持立德树人，防止功利主义、官僚主义等观念对学生会活动的误导，还要注重学生会组织活动的合理性、合法性和安全性引导。

2. 在活动内容方面，要注重其开放性趋向

时代在进步，社会在发展。高校学生会的活动组织要着眼于变化的社会对人才的需求，根据不同的专业特色与学校实际，开展有针对性的职业规划与技能培训活动，同时注重活动内容的开放性。现代社会是开放的社会，注重活动组织的社会效益，使学生能够深入接触社会，在开放的社会中进行学习，学以致用，努力提高其实践能力。

3. 在活动开展的目标和主体方面，要注重其多元性趋向

高校学生会活动的开展既有明确的德育目标，又有其内部不同的组织成员不同的个人目标。因此，坚持活动开展的多元性，首先要注重活动开展目标的多元性，要兼顾社会需求与个人需求，兼顾学生利益维护与校园和谐发展等。

学生会活动开展的多元性趋向也指参与成员的多元性，高校学生会本身

是全体学生成员的组织，而不是学生会干部的小圈子。高校学生会活动要努力做到全员参与，避免仅在那些“精英分子”的小圈子内部开展。而且，学生会活动的全员参与从根本上为发挥全体成员的聪明才智提供了可能。发挥每个参与成员的主动性意味着每个成员都有发言空间、都有责任对学生会活动贡献自己的聪明才智，从而就能够激发每个成员的创新动力。

活动开展的多元性其实也是在开放性的基础上的要求，社会是开放多元的社会，不同的成员也是开放、多元的自由全面发展的个体，活动应在活动目标、活动主体、组织方式、活动形式、活动内容等方面都努力做到开放多元，最大限度地激发学生会成员的创造力，从而最大限度地发挥学生会的自我管理、自我教育、自我服务功能，更好地为大学生全面发展服务。

4. 在活动开展的意义方面，要注重其实效性趋向

无论是遵从社会本位的人才培养目标，还是遵从个人全面发展本位的人才发展目标，高校学生会活动的开展都必须注重活动开展的实效性，这是高校学生会活动的内在要求。作为高校学生会组织的引导者，负责高校学生工作的党团组织与相关教师应该从学生会活动的德育性质出发，注重强调高校学生会活动的实效性，避免人力、物力与财力的浪费。

第三章 文化育人：校园文化、传统文化与德育实践

第一节　文化育人的理论

一、文化育人的内涵

文化的基本功能是塑造人或教化人，文化功能实现的过程就是文化育人的过程。从总体而言，所谓文化育人，就是以文化人，即遵循思想政治教育规律和大学生成长规律，以文化价值渗透的方式，将先进文化的价值渗透到人的灵魂深处，使之内化于心，外化于行，从而实现文而化之的目的，促进人的全面发展。[1]它强调“重视人文教育、隐性教育，注重精神成长、思想提升，主张潜移默化、润物无声，通过有意味的形式，长久地、默默地、逐渐地感染人、影响人、转化人”，实现“入芝兰之室久而自芳”的思想政治教育效果。

理解文化育人，先要理解文化育人中的“文化”是什么。文化育人中的“文化”有三重内涵：一是指育人“内容”和“载体”意义上的文化，即以什么样的文化内容和文化形式育人；二是指文化化人“过程”意义上的文化，即“文而化之”的教化或转化的过程；三是指育人“目标指向”意义上的文化，即育人的核心“目标指向”不只是停留在表层意义上的掌握某些知识或表现出某些期望行为上，而是从更深的精神文化层面，即人的价值观理念和信仰上教化人、塑造人。因此，文化育人不是一个内涵单一的概念，要正确理解其丰富的内涵，需要深刻理解三个问题，即文化育人“以什么样的文化育人”“以怎样的形式育人”“育人的核心目标指向是什么”。文化育人的内涵主要体现在三个层面。

（一）用社会主义先进文化培育人

“以什么样的文化育人”中的“文化”是指内容和载体意义上的文化。载体意义上的文化是指思想政治教育者为达到教化人、提升人的目的，借助育人载体或手段而利用的各种文化成果。这些文化成果都承载着某些特定的思想政治教育价值观念，广泛地存在于物质文化、制度文化、精神文化之中，可以以多种多样的文化形式出现，如各种文化产品、文化活动等，它不是单

[1] 李峰，王元彬．高校文化育人工作的机制与载体研究 [J]. 当代教育与文化，2014,6(3):73-77.

纯的书本上的知识，也并非脱离现实社会生活而存在。人们对它的感知、接受与习得往往是在现实的社会文化生活之中。育人载体意义上的文化能够为思想政治教育主体所利用、能够为人们所感知和认同，具有先进性，对人有思想政治教育功能。在内容意义上，从文化哲学的角度看，文化育人活动就是“特定阶级或集团用特定文化的价值和意义对人们进行文化建构的过程和活动”❶，其实质就是用社会主导的文化去建构人们的思想、意识和行为。中国特色社会主义文化是当代中国的主导文化，决定了中国文化的发展方向。因此，文化育人无论是运用什么样的文化载体，载体所承载的文化内容一定是社会主义先进文化。从这个意义上讲，文化育人的第一重基本内涵就是用社会主义先进文化培育人，就是坚持科学理论武装、正确舆论引导、高尚精神塑造、优秀作品鼓舞。

（二）在渐进的文化过程中培育人

文化除了作为文化成果而存在，还作为“文化”的过程而存在，人的一切文化实践活动都可看作“文化”的过程。“过程”意义上的文化重在“化”，主要包括两个向度：一是文化“化”人的过程；二是人在实践中向文而“化”的过程。两个过程在育人中同时存在，相辅相成，互生互动，是一个永不停息的人与文化之间双向建构的过程。对于文化育人的对象“人”而言，前者强调外在的给予，体现的是文化塑造人、教化人的价值；后者强调内在的生成，体现的是人的主体能动性。文化育人就是通过文化的外在给予和内在生成方式来化育文化个体，引导个体向文而化，进而促进人的提升与完善。

文化的外在给予和内在生成过程实质上就是一个在渐进的“文而化之”的教化或转化过程，即“文化”的过程。这一过程强调文化价值从客体到主体，再到客体的内化与外化的转化过程，其实质是把客观的文化内化为个体的精神活动的过程。实现文化主体与客体之间的双向互动，更进一步讲，是实现文化主体客体化（人的知识化）和文化客体主体化（知识人化）的互相转化。

“文化”过程育人贵在促进人的知行统一，重在发挥文化生活实践的养成作用。它是“将人类已经发展起来的先进文化成果转化为个体内在本质力

❶ 赵志业，崔华华．新时期文化转型中思想政治教育文化理念创新 [J]. 学术论坛 ,2015,38(2):80-83.

量、促进人的精神生活全面发展的过程”[1]。这一过程，从根本上讲，就是人在文化价值认知基础上实现知行统一的过程。无论是人对文化的价值认知，还是由知促成的文化行为，都离不开人的文化生活实践。因此，只有充分发挥文化生活实践的养成作用，促进人在渐进的“文化”过程中实现知行统一，才能真正实现在“文化”的过程中育人，才能真正体现出在文化的外在给予和内在生成过程中育人的价值。从这个意义上讲，文化育人的第二重基本内涵就是在渐进的“文化”过程中培育人。

（三）从人的思想观念和理想信仰层面育人

文化育人中“文化”的第三重内涵是指育人“目标指向”意义上的文化，即文化育人从根本上是要培育人内在的思想观念和理想信仰，还是要规范人外在的行为？它主要从哪一层面上育人？答案十分明确。文化育人的核心“目标指向”是人的精神文化，即实现人的内在思想观念的转变。这里所说的人的内在思想观念的转变不是简单的对文化知识的机械记忆的过程，也不是从制度到行为的被动服从的过程，而是从“文化的认知”到“文化价值观念的认同”，到“文化价值观念的内化，甚至是理想信仰的升华”，再到“恪守价值准则或追求理想信仰等行为的外化”的一系列转化过程。其中最重要、最根本的是人的价值观念和理想信仰的形成，这是文化育人“目标指向”意义上“文化”的终极形态（人的精神文化）。

从这个意义上讲，文化育人的第三重基本内涵是指在人的价值观念和理想信仰形成中培育人。作为一个民族文化的灵魂，核心价值观是一个国家的思想道德基础。在精神文化层面育人，其首要目标是育德。在当代中国，社会主义核心价值观就是马克思主义思想的集中体现，就是中国人民共同的思想道德基础。我们要按照习近平总书记的要求，“把培育和弘扬社会主义核心价值观作为凝魂聚气、强基固本的基础工程”[2]，要持续深化社会主义思想道德建设，为我国社会主义建设提供强劲的精神动力和深厚的道德滋养。尤其在新的社会历史条件下，文化育德问题更不容忽视，必须把培养具有符合社会发展要求的道德品质作为文化育人的核心内容和重要任务。

---

[1] 沈壮海．思想政治教育的文化视野 [M]. 北京：人民出版社 ,2005:26.

[2] 习近平：把培育和弘扬社会主义核心价值观作为凝魂聚气强基固本的基础工程 [EB/OL]. 人民网，http://politics.people.com.cn/n/2014/0225/c70731-24463167.html

二、文化育人的基本要素

（一）育人主体要素——教育者

教育者是组织实施文化育人实践的主体，是文化育人的一个基本构成要素。文化育人主体是指以思想政治教育为目的通过文化手段进行育人的主动行为者，这一主动行为者统称为教育者。教育者既可以是具有主动教育功能的组织，也可以是教育组织中的个人或者由多人组成的群体。本书讨论的文化育人的施教主体是文化育人实践活动的真正设计者和组织者——人，即高校教师和从事教育教学管理的管理者。

教育者在文化育人过程中的根本职能就是价值引导，即“以社会的要求为准绳，科学地影响教育对象，不断把教育对象的思想政治品德提升到社会需要的水平”[1]。即按育人计划，组织、设计和实施文化育人活动，采取多样化的方式方法调动和发挥教育对象的主体能动性，本着价值主导原则引导教育对象思想品德向社会要求的方向发展。由于教育者在文化育人过程中的根本职能是思想政治教育，在他们身上具有共同的职业特点，最为突出的方面有三点：①充满中国特色社会主义文化自信；②具有传播社会主义先进文化的自觉；③具有文化价值主导性。

作为文化育人者，除了具有上述三个突出特点外，他们还重视将显性思想政治教育与隐性教育相结合，充分发挥文化的潜移默化教化人、影响人的功能。

教育者是文化育人活动的发起者和主导者，没有教育者，文化育人就没有了施动者，也就不是基于思想政治教育目的而实施的文化育人。因此，教育者在文化育人基本构成要素中不可或缺。

（二）育人客体要素——大学生

思想政治教育活动的对象都是其教育客体，主要有两种：一是指人客体；二是指物客体，如教育的内容、工具、方法、资源等。进行思想政治教育的最终目的是培养人、塑造人。本书中主要探讨思想政治教育的人客体，即高校文化育人的对象——大学生。

大学生在文化育人过程中是教育对象，其主要任务就是接受主体引导，

[1] 刘书林，高永．思想政治教育的对象及其主客体关系 [J]. 思想理论教育导刊，2013(1):97-99.

学习、适应和内化，不断提高自身素质，同时积极调动自身的“主体性”因素，在文化育人过程中，充分表现出自身的特性，参与并影响育人过程。大学生与教育者之间的关系建立在平等和相互尊重的基础上，即主体尊重客体的特点和接受教育的规律，客体尊重主体的引导。

大学生正处在各种心理活动异常活跃的年龄阶段，认识容易偏执，情绪容易走极端，意识有时执拗，且容易受外界的影响，存在着明显的不稳定、可塑性大的特点。大学生在文化育人中的可塑性主要涉及思想文化认知方面的可塑性、文化价值判断与选择能力的可塑性、文化道德内化与外化转化能力的可塑性、文化道德实践能力的可塑性等。

文化育人是教育者有目的、有组织、有计划实施的育人活动，在教化人、塑造人方面具有非常突出的作用。实施文化育人，要坚持以学生发展为本，充分关注大学生的主体性和可塑性，尊重学生成长规律，对大学生的文化思想与品德塑造施加有益的影响，促使大学生全面提升自身的综合素质。

（三）育人媒介要素——文化载体

文化载体作为文化育人过程中不可或缺的媒介要素，不仅是主体与客体发生关联的重要媒介，也是文化育人各要素相互作用、相互影响提供了平台，它是“由若干要素以一定结构形式联结构成的具有某种功能的综合系统”[1]。

文化载体是先进文化传播的必要媒介。文化的发展是靠信息传播实现的，其本质就在于传播。文化育人活动从本质上讲就是借助一定的媒介进行的文化传播活动。传播意义上的媒介是指传播信息符号的物质实体，包括报纸、杂志、广播、电视、电影、书籍、网络等。随着科技的不断进步，文化的传播媒介日新月异，并呈现出一体化发展的趋势，如电子报刊、网络电影等。无论是上述哪一种文化传播媒介，只要符合文化载体的条件，都能成为文化载体，发挥育人作用。

文化载体在文化育人中的作用是多方面的。比如，它为育人活动提供必要的承载和传导文化价值信息的媒介；它使育人活动的各构成要素之间有了联系枢纽，不仅能促使各要素之间相互作用，还能对各要素的协调一致产生直接影响作用；它为教育者提供自主创新的平台，使教育者能够通过不断挖掘和创新文化载体来丰富和创新文化育人的具体方法和手段；它通过自身承载的先进文化信息，发挥感染人、教化人的功能；它通过文化载体丰富

[1] 王景云．当代中国思想政治教育文化载体研究 [D]. 哈尔滨：哈尔滨工程大学 ,2012.

多样的内容及形式，增强文化育人的吸引力和影响力，进而增强育人实效；等等。这些都充分说明，文化载体是文化育人过程中不可或缺的一种媒介要素。

（四）育人环境要素——以先进文化为主导的文化环境

任何教育的发生都离不开环境的影响。文化环境是影响人素质生成的重要因素。它由“一定的价值观念、日常伦理、道德规范、行为方式、宗教信仰、审美观念及生活风俗等内容构成”[1]，对人们的思想观念、趣味、需求、情感、行为等产生潜移默化的影响，也直接影响着人们思想道德素质的发展。它是“以无形的意识、无形的观念，深刻影响着有形的存在、有形的现实，深刻作用于经济社会发展和人们生产生活”[2]。

先进文化具有重要的育人价值，是育人不可或缺的文化资源，在文化育人中，教育者无论基于下列哪种考虑，都必然要有目的地选择和构建以先进文化为主导的文化环境。

先进文化蕴含着文化价值的“高势能”。文化具有差异性，在不同的文化之间“因其自身所内蕴的知识、价值、规律和表现美等品质的含量不同以及知识的层次和概念范畴位阶的不同”[3]会形成文化“势位”的高低差异。处在“高势位”的文化自然具有文化价值上的“高势能”，相比于“低势位”的文化而言，具有更强的文化影响力、凝聚力、辐射力。同时，“高势位”的文化会影响和改变“低势位”的文化。

从育人的角度讲，先进文化与文化主体“人”之间存在的文化势能差异也是文化育人得以发生的基本前提。先进文化所蕴含的文化价值上的“高势能”实际上就是它所具有的思想政治教育资源，要有效地进行文化育人，必须充分利用好社会主义先进文化的资源优势，以及它与文化主体“人”之间的“势位”差。

❶ 冯刚．坚守核心价值观必须发挥文化的作用 [N]. 光明日报 ,2015-11-10(014).

❷ 任仲文．觉醒·使命·担当：文化自觉 18 讲 [M]. 北京：人民日报出版社 ,2011:1.

❸ 陈秉公．建设“高势位”的主流价值文化 [J]. 新长征 ,2011(12):8-10.

第二节 高校校园文化及其德育功能

一、高校校园文化内涵

高校校园文化是一个内涵十分丰富的范畴，包括高校的理念、精神、历史、传统、特色、校风、学风、环境和校园风貌。

高校校园文化是伴随着大学的产生而形成的。据史料记载，我国先秦时期《大学》倡导的“大学之道”与西方柏拉图倡导的“哲人治国”理念和亚里士多德倡导的“自由教育”思想共同开创了人类探索高校办学规律历史及理念的先河。距今已 900 多年历史的博洛尼亚大学是西方最早的大学，当时大学的主要教学活动就是传授知识。19 世纪，第二次工业革命兴起后，德国新人文主义教育思想家威廉·冯·洪堡主张大学不仅应当传授知识，还应当发展知识。进入 20 世纪以后，美国威斯康星大学为促进大学教育与经济、科技的结合，首次提出了“直接为经济和社会发展需要服务”的新理念。随着社会不断向前发展，大学已从类似于行会的组织机构逐渐发展成为与社会经济和政治机构鼎足而立的功能独特的文化机构。大学在长期办学实践的基础上经过历史的积淀、自身的努力和外部环境的影响逐步形成了独特的校园文化。

高校校园文化的形成和发展不仅是多元文化的激荡交融和受到外部环境影响的结果，更是以大学领导、教师、学生和管理人员为主体的大学人在长期办学实践的过程中经过历史的积淀努力创造的结果。高校校园文化是社会文化的重要组成部分，它受到社会文化的影响和制约，但也反作用于社会文化，在社会文化的整体发展中发挥着重要的功能。对于作为高层次文化殿堂的大学来说，大学的学科文化、专业文化、环境文化、班级文化、道德文化乃至一个民族的传统文化对其成员的行为都会起着潜移默化、熏陶感染的作用。

何谓高校校园文化？美国有学者认为，高校校园文化是“高校的历史、使命、物质环境、标准、传统、价值观、办学实践、信仰、假说等诸多因素综合起来且相互影响而形成的指导高校学生个体或团体行为，以及为认识理解校园内外一些事件、行为提供参考框架的一种模式”。

近几年来，深刻认识高校校园文化的科学内涵已经引起了我国学者的广泛关注，由于研究视角不同，我国学者对高校校园文化的定义也出现了多种界定。在综合已有的研究成果、借鉴西方专家、学者对校园文化的认识和结合自己的浅见后，笔者认为高校校园文化是指以社会先进文化为主导，以大学为载体，以大学师生为主体，以校园理念和精神为底蕴，历届师生在长期的办学过程中共同积累的物质成果和精神成果的总和。就其内涵来说：

第一，高校校园文化是以大学为载体所形成的文化，而不是以企业、社区等社会单位或中小学等教育单位为载体所形成的文化。第二，高校教师和学生是高校校园文化的主体。第三，高校校园文化的发展是一个承前启后、除旧布新的过程。第四，精神成果集中地体现在高校精神之中，是校园文化的灵魂，它包括新科学、新技术、新观念、新思想以及学校传统、办学理念、学校校风和学风等。物质成果既是高校精神成果的物质基础，也是高校综合实力的重要标志，它包括大学设置的课程和学科、教师队伍以及学校的建筑设计、活动场地、景观环境。具有浓厚文化底蕴的高校校园文化是高校赖以生存、发展、办学和承担重大社会责任的根本，是高校核心竞争力之所在。

二、高校校园文化与德育的内在关系

高校校园文化的核心是校园精神文化，而塑造高校校园精神文化最重要的就是对全体师生进行科学的世界观、人生观和价值观的教育，高校德育的核心内容是培养学生树立科学的世界观、人生观、价值观。对大学生进行科学的世界观、人生观和价值观的培养和教育既能体现高校校园文化建设的核心，又能体现高校德育的核心内容。因此，高校校园文化与德育两者之间内核贯通、互相渗透，具有紧密的内在关系。

（一）校园文化建设是高校实现德育目标的重要途径

《中共中央关于进一步加强和改进学校德育工作的若干意见》和《中国普通高等学校德育大纲》均明确指出，加强和改进德育工作中的一个重要方面是加强校园文化建设。这说明高校德育工作体系的重要组成部分是校园文化建设，校园文化建设是高校实现德育目标的重要途径。

1.健康的校园文化促使高校实现育人目标

根据《中国普通高等学校德育大纲》的有关规定，高等学校必须重视学生的思想、政治和品德教育，把学生培养成德智体全方面发展的一代新人。高校是知识和人才的聚集地，各种思想观念容易在这里交流和碰撞。随着经济全球化的加剧、我国改革开放的不断深入，高校师生面对的是一个更加复杂、多变、新奇的世界，他们受到各种文化观念、信息的冲击，这些冲击必然会引起他们思想方式、价值观念的深刻变化。面对这些复杂的情况，如果高校仅用传统的教育方法、行政命令及死板的说教来影响学生的思想观念、价值取向及心理情绪等，往往不能取得良好的教育效果。高校应充分利用校园文化这一载体，通过全面建设能够体现育人要求的健康的校园文化，通过发挥校园文化的价值渗透和激励作用以及对大学生开展科学的世界观、人生观、价值观教育，引导大学生树立正确的价值取向，强化大学生的价值意识，培养大学生正确的思想观念。在这样一个良好的校园文化氛围中，大学生的情感、意志、信念、习惯等会不断地受到健康校园文化潜移默化的影响，从而使他们举止文明，品德高尚，树立起积极健康的道德标准和行为准则，形成良好的人格魅力。因此，高校通过塑造健康向上的校园文化能够更好地达到育人的目标。

2. 健康的校园文化扩大德育影响并增强德育实效

高校培养大学生，德育为诸项教育之首，而大学生的成长进步离不开校园文化的影响。优秀、健康的校园文化本身就是一种有益的德育教育，它根植在学校教育的各项活动中，具有丰富多彩的德育内容和形式。优秀、健康的校园文化全面持久地影响着大学生的思想品质、道德观念、文化知识、心理素质等，不断引导他们形成正确的道德观念、崇高的思想品质和积极向上的人格精神。将来随着大学生与社会联系的加强，大学生的社会实践活动会大量增加，他们期望能够得到社会的认可，成为符合社会需要的人才。在校期间的大学生所参与的各种校园文化实践活动对他们有着强烈的吸引力和感染力，有利于培养他们的组织能力、适应能力和创造能力。校园文化为大学生提供的实践阵地大大增强了德育实践效果。

3. 健康的校园文化为高校德育环境的优化提供较好的途径

马克思主义认为，人的发展及才能的养成是遗传、教育和环境共同作用的结果。校园文化与高校德育环境之间有着密切的联系，即高校通过校园文化建设来创造良好的德育环境，校园德育环境是校园文化建设的结果，反过来又对校园文化建设产生积极的影响。一所高校的德育环境对大学生的有效影响不仅体现在大学生心理与能力的发展变化，更体现在大学生思想品德的发展变化。因此，高校德育环境在大学生思想品德的形成中具有举足轻重的作用。培养大学生思想品德、道德观念的重要外部条件是具有良好的德育环境，它会对大学生品德的形成和发展变化产生潜移默化的影响。校园文化的内容中本身就包含着环境要素，应通过建设高品位的校园文化并用正面的、向上的、符合时代要求的德育内容来影响学生，从而营造一个健康向上、朝气蓬勃、文明健康的校园德育环境氛围。由此可见，健康的校园文化为大学生的健康发展、全面成才提供了良好的外部条件，是高校形成良好德育环境的重要途径。

（二）高校德育目标对校园文化建设具有重要的指导意义

《中国普通高等学校德育大纲》指出，高等学校德育目标是“使学生热爱社会主义祖国，拥护党的领导和党的基本路线，确立献身于中国特色社会主义事业的政治方向；努力学习马克思主义，逐步树立科学世界观、方法论，走与实践相结合、与工农相结合的道路；努力为人民服务，具有艰苦奋斗的精神和强烈的使命感、责任感；自觉地遵纪守法，具有良好的道德品质和健康的心理素质；勤奋学习，勇于探索，努力掌握现代科学文化知识。并从中培养一批具有共产主义觉悟的先进分子”。

校园文化建设是高校实现德育目标的重要途径，它服务于德育目标的实现，必然要体现出德育目标的要求。因此，高校实现德育目标的过程不断指导、制约、影响着校园文化建设。

1. 高校德育内容表现为积极健康的校园文化内容

高校校园文化内容丰富多彩，但不是所有的高校校园文化内容都能体现德育的内容，能够体现德育内容的高校校园文化内容必然是积极健康的。校园文化在内容结构上分为三个层面：物质层面、制度层面和精神层面。其中以价值观为核心的精神层面在整个校园文化内容中居主导地位。通过塑造健康向上的校园精神达到育人目标就是校园文化建设的主要目的。校园精神是校园文化的灵魂，是校园文化的核心层面。因此，要在高校建设良好健康的校园精神，就应当紧紧抓住校园文化这个关键环节，利用好其中的积极健康的因素。在校园文化的内容结构中，德育内容最能充分体现校园文化的核心层面，是校园文化的高品位内容，这些内容处于主导地位，起着主导作用，明确了校园文化内容的性质。可以看出，高校德育内容必然表现为高品位的校园文化，即积极健康的校园文化，高校校园文化内容又充分体现了德育内容，与高校德育内容息息相关。

2. 德育目标的实现离不开校园文化建设

在德育目标实现过程中，教育者通过什么样的载体和渠道将德育目标的内容和要求显现出来，并影响德育对象思想品德的形成和发展，是决定德育目标实现效果的一个关键环节。课堂教育和课外教育是高校实现德育目标的主要渠道，而校园文化建设包含课堂教育和课外教育，且校园文化活动中也充分体现和反映了德育目标的内容和要求。内容丰富、形式多样的校园文化是德育体系的重要组成部分，它为德育目标的实现提供了广阔的舞台。校园文化不仅影响和熏陶着高校教师，也陶冶了大学生的道德情操。教师应树立崇高的思想道德意识，端正工作态度，从而激发出巨大的工作热情，使大学生在校园文化中获得丰富的道德认识和道德情感，不断促进自己思想道德素质的提高。

三、高校校园文化的德育功能

根据《中华人民共和国高等教育法》的有关规定，高等学校的中心任务是培养人才。德是人才素质的重要内涵，在人才素质的诸要素中起统率作用，德的培养主要是通过学校德育来实现的。校园文化是高校德育的重要载体，它自身就具有德育功能，德育功能又是校园文化生命力的重要体现。高校不仅是向大学生传播科学文化知识和精神文明的基地，更是按照高校的德才标准培养接班人的地方，其固有的、特殊的文化氛围是校园生活的主要特征。由高校全体师生员工共同创造的校园文化为学生的成长和教职员工的工作、学习提供了良好的外部条件。校园文化对学校成员的心理、行为、意识等发挥着不容忽视的作用。

（一）教育导向功能

所谓校园文化在德育中的教育导向功能，是指校园文化能够将学校成员的思想认识和价值观念教育引导到正确的方向上来，使所有成员在思想认识和价值观念上趋于一致，并体现为具体的奋斗目标、人生追求和行为准则，从而形成广大师生的精神支柱和精神动力。

校园文化有很强的教育导向功能，对于培养大学生坚定正确的政治方向、科学的世界观和良好的道德品质起着引导灌输、耳濡目染的作用，具有暗示性和渗透性。高校德育的根本任务之一就是在政治方向上培养学生坚持四项基本原则，树立起建设中国特色社会主义的坚定信念；正确地认识世界，形成马克思主义科学的世界观，树立起共产主义的远大理想和道德品质。校园文化建设同样服务于高校德育的根本任务。校园文化建设的根本目的是用习近平新时代中国特色社会主义思想教育、引导广大师生员工，用社会主义思想和共产主义理想占领思想文化阵地，提高师生员工思想道德素质和科学文化素质，努力培养具有优秀思想政治素质和科学文化素质、为人民服务的新一代人才。大学生生活在复杂的环境里，是在社会生活的相互交流中发育成长起来的，他们思想活跃，易接受新鲜事物，易被环境所影响。随着改革开放的不断深化，一方面高校为大学生引进了先进科学技术和文化产品。另一方面大学生也受到了各种思想观念的碰撞，由于青年大学生自身知识、年龄及阅历等因素，容易崇拜和迷信一些消极落后的文化与思想观念。高校是知识和人才的密集地，学校师生员工共同创造的校园文化能够通过自身特有的教育选择功能扬优抑劣，其教育导向作用显而易见。高校教育长期一贯地坚持德育和智育，通过各种形式对大学生进行传统教育、民主法制教育等，注重校风、校歌、校服等教育效果，关心大学生的课外生活，充分发挥大学生的创造力，鼓励大学生积极参与校园文化活动，抑制滋长的不良心理、行为和习惯，给大学生的成长提供优越的精神土壤，使他们在校园里被优良健康、积极向上的校园文化氛围笼罩，使他们在校园文化的教育导向下自然而然地受到影响，使他们能够正确选择社会信息，接受先进思想，从而陶冶他们高尚的道德情操、行为习惯，培养他们科学的世界观和人生观。

（二）约束调节功能

所谓校园文化在德育中的约束调节功能，是指通过校园文化建设，使全体师生了解掌握高校的规章制度，自觉地以此来约束自己的行为，并通过开展校园文化活动满足大学生的需求，促进他们身心健康发展。

高校制定的各种规章制度和行为准则都可以约束全体师生的行为。大学除要教会学生掌握专业知识外，还要通过有形的约束，即渗透在大学生生活各个方面的校规校纪、学校制度、纪律等教育学生遵守法律制度和社会规范，将来成为一个对社会有用的人。学校提倡、反对和禁止的思想和行为在学校的规章制度中都能得到体现。学校通过表彰守纪的大学生，鼓励更多的大学生按规范要求行事；通过批评处分违纪者，给纪律观念不强的大学生敲响警钟，让他们完全按照学校的规范行事，培养他们良好的行为习惯。高校不仅通过有形的约束来规范大学生的行为，还通过无形的约束，即校规校纪、学校制度、纪律等不能被替代的居于校园文化核心的校园精神来影响他们的思想和观念。这种无形的约束虽不具有强制性，却能对大学生产生一种自觉的、巨大的感召力，能促进他们在情感上的认同。处于校园中的大学生正处于心理能量的高能区，人际关系也是他们生活中的重要组成部分，如果不能及时释放心理上产生的负能量，如焦虑、孤独、偏执等，容易引发心理疾患；如果不能正确处理好学生之间的关系和学生与教师的关系，将直接影响到学生的健康成长。通过开展多种校园文化活动，让学生置身其中，令学生平稳地释放心理能量，调整学生接收信息的功能，满足学生的集群需要和归属需要，为学生营造和睦的人际关系，使他们在和谐与快乐的活动中受到教育和启迪，从而促进学生身心健康协调发展。

（三）传播辐射功能

所谓校园文化在德育中的传播辐射功能，是指高校通过校园文化各种要素的作用，通过开展校园文化活动，在校园范围内、在师生中传播学校中的先进典型和优秀事迹，并使其得到师生认同，从而带动更多的学生在做人和成才方面向典型学习。

高校校园文化的主体要素是高校的师生。教师与教师、学生与学生、教师与学生之间经常进行人际交流并互相产生影响，这种交流和影响除专业方面的内容之外，还包括主体之间的思想和行为。那些得到大家认可的思想和行为会在更大的范围获得放大和模仿。同时，舆论宣传环境又为这种大范围的交流和影响提供了现实可能性，构成校园文化传播辐射功能的基础。

传播辐射功能作为校园文化德育功能的一种形式，主要是通过具体生动的形象来感染、影响群体。它是提高群体素质的主要教育形式，同纯粹理论教育的方式相比，在理论的广度和深度方面，可能有些欠缺，但它那种融理论与实践于一体的示范特点对学生的影响力是纯粹理论教育所不可比拟的。正因为如此，抓典型的教育方法已经被越来越多的思想教育工作者所采用，在实践中取得了明显的效果。在校园中宣传典型的弘扬正气的活动体现的就是校园文化的传播辐射功能。选取先进典型进行宣传推广时，不仅要选全国范围内学习的典型，还要注意选取本学校内部的典型。这些典型与学校师生更贴近，具有特殊的影响力。选取的典型一定要注意其代表性，更多地突出典型人物的主观能动性，不要让人产生可望而不可即的感觉，否则会使典型的教育意义打折扣。要选取合适的教育方式，对不同的典型要用不同的宣传方式，对不同群体的宣传也要采用不同的方式，这样才能增强宣传的针对性，保证教育效果，同时强化校园文化中的传播辐射功能。

（四）激励功能

所谓校园文化在德育中的激励功能，是指高校校园文化为全校师生提供文化活动，推动全校师生某种思想、愿望和行为朝向校园文化所倡导的方向不断发展，从而形成一种良好的激励环境和激励机制。那些反映精神振奋、朝气蓬勃、开拓进取的优秀的校园文化都能起到激励学生前进的作用，深刻地影响着高校全体师生的思想和行为。

校园处处是文化，不管是物质形态还是精神形态，只要是内容和情感都健康的校园文化，就能为学生提供一个良好的成长环境，学生在这样一个“润物细无声”的环境中，受到的影响是潜移默化的。这样的环境不仅能够促使学生产生各种情感体验，还能够启迪学生的思想，陶冶学生的情操，使学生的素质得以提高，精神得以升华。例如，在爱国主义教育中，祖国壮丽的河山、悠久的历史、灿烂的文化，人民对党的赤诚忠心和崇高情怀，热爱社会主义制度和社会主义现代化建设事业、维护祖国独立和统一的高尚情怀对立志于社会主义事业的大多数热血青年学生来说，能够起到非常大的教育和激励作用，就像在寒冷中给人带来温暖，在苦闷彷徨时给人带来光明和力量。由此可以看出，优良的校园文化能够激励学生奋发向上、锐意进取，促使学生努力实现更高的目标，极大地激发学生的积极性、主动性和创造性，对学校建设做出积极的贡献。

第三节　高校德育校园文化建设途径

新时代高等教育将会有更大的发展，校园文化也必将更加丰富。通过建设校园文化强化高校教育中的德育功能是摆在各高校面前的一项重要工作。面对机遇和挑战，高校校园文化建设工作应当努力抓住机遇，主动应对挑战，积极探索创新，根据大学生身心发育的特点和基本需求，更好地加强校园文化建设，充分发挥其育人的特有功能，并有针对性地开展工作，使校园文化成为高校推进德育发展的有效途径。

一、努力营造良好的校园文化环境

（一）营造环境优美、功能齐备、富有活力的校园物质文化环境

高校校园物质文化环境不是校园中各种实物的简单组合，它涵盖了教

学、科研、生活、环境、设施等方面的物质构件。营造良好的校园物质文化环境应努力做到校园规划布局合理，建筑适用美观，环境优美高雅，体现高校校园环境所应具有的学术气息和文化氛围，使其既能发挥教育者的积极性，又能发挥受教育者的积极性。具体而言，可以从以下三个方面营造良好的校园物质文化环境。

1. 校园基础设施建设

校园建筑是高校进行教育活动的基本场所。一般来说，高校的建筑设计不像商业建筑设计那样追求高、大和气派，更侧重于突出文化性和教育性，更多地考虑到高校的特点和民族的特点。恰到好处的高校室内设计可以极大地强化教育效果，如把阅览室设计成一个个相对隔开的区域，再配以良好的照明，大学生在这里可以复习专业知识，浏览专业书籍，消化教师课堂上讲的内容，在这样一个安静的环境中实现自己的学习目标。营造温馨和谐的宿舍文化对校园文化建设起着十分重要的作用。构建和谐进取的宿舍环境能够提高整个学生公寓的文明水平，净化和美化室内环境（如室内清洁卫生、地面干净无垃圾、物品摆放井然有序）有助于培养集体主义精神和形成共同的价值观，能使宿舍里每一个成员都沐浴在美的感染和熏陶之中，性情上得到陶冶，精神上得到享受。对于高校建筑来说，不仅空间需要足够大，建筑风格也要有审美特性，体育场馆、会堂报告厅、花草道路、亭榭园圃、山水风景等能够愉悦全校师生心情，它们是陶冶性情、修养品格、提高教学效率的重要条件。对教学设施的设计应能充分体现学校文化底蕴和便捷高效的现代化管理特色，如一幢数量达到一定规模，能满足师生阅读和检索需要的图书馆；能提高学生学习兴趣、突出教学重点的多媒体教学设备、实验仪器与办公设备；适应信息时代的校园网络系统；能为大学生提供休闲娱乐或者运动的广播站、宣传栏以及田径场、球场、游泳池、体育器材等。高校基础设施建设处处流露着高校的办学理念和文化精神，合理规划高校各项基础设施的布局和建筑风格可以对全体师生达到安定情绪、启迪思想、陶冶情操的目的。

2. 校园景观文化建设

要利用景观文化来加强校园文化建设，让大学生感悟文化、享受文化，在充满生机的校园内接受教育和熏陶，从而激发大学生对自身发展的追求。校园景观文化的设计包括升国旗的广场、造型别致的标语牌、绿地、道路、操场等，要根据其用途做出恰当的设计，达到环境育人的目的。例如，在设计升国旗的位置时，应该把旗杆的位置放在突出和醒目的地方，周围有相对宽阔的广场，这样才能符合升国旗时那种庄严肃穆的气氛，才能使大学生从中受到深刻的爱国主义教育。在高校大学生生活区内设置的造型别致的标语牌不但是高校校园里一道特殊的人文风景线，而且对学生的影响持久而又深远。对绿地的设计不仅是植上草那么简单，还要讲究返青期与枯黄期的衔接等问题；青草与花的搭配要错落有致，科学合理，道路两旁的绿化树木要既讲究遮阴，又讲究造型。这样的校园环境既减少了污染，降低了噪声，又净化了空气，师生置身其中能够顿感一种身心的放松，从而缓解了疲劳，调节了抑郁情绪。

高校校园景观文化应体现以人为本的设计理念，强调对师生无微不至的关怀，让全校师生在校园生活中享受到高雅的景观文化，感受到自然的亲和与人文的魅力。可以集思广益，让学生参与到学校景观文化的设计和创作中来，发挥他们的主体作用，激发大学生对学校、教师和同学的热爱，从而使以人为本的思想观念深植于大学生的心中。比如，对于研究性学科专业的大学生，景观建设可以重点突出科研严谨、内敛与含蓄的特点；对于艺术专业的大学生，则可以强调艺术张扬、丰富与夸张的特点，重点突出艺术的感染力。

3. 标志性建筑建设

校园标志性建筑作为校园文化的外在集中反映，往往反映了学校的办学历史与办学理念，又体现着师生的文化哲学观念和审美追求。例如，陕西师大的校门，外形设计为翻开的书页，圆形立柱设计成点燃的蜡烛，让人在跨入校门的那一刻起就感受到教师职业的神圣和崇高，教师犹如燃烧的蜡烛，牺牲了自己，照亮了别人，把自己的青春和人生都献给了人民的教育事业，从而能够教育学生认识到自己肩负的责任和使命；清华大学在校园内为闻一多、朱自清树立了塑像，又将水木清华边上的两座老亭命名为闻亭和自清亭，建立了清华大学最早的共产党员施滉烈士的浮雕和纪念在抗日战争和解放战争中牺牲的清华烈士的纪念碑。建立与这些校友相关的标志性建筑意味着学校对他们事迹的肯定和赞扬，代表了今天清华学子努力和奋斗的方向。湖南师大的校园内立着孔子、屈原、荀子等人的塑像，无声的石头在这里成为一种文化载体，向学生展示出思想家、教育家、科学家的音容笑貌，能使学生联想到他们为人类文明做出的非凡贡献，联想到他们为后人留下的哲理名言，从而迸发激励自己进取的精神力量。这些无声的建筑物在高校校园内被赋予丰富的文化内涵，成为育人的重要手段。

（二）营造朝气蓬勃、积极进取、奋发向上的校园精神文化环境

1. 构建大学精神

当前，在高校校园文化建设中，存在着注重校园物质文化建设、制度文化建设，而忽视大学精神文化的培育的现象，从本质上看，校园文化建设存在的各种问题在很大程度上是因为大学精神缺失。当代高校呼唤大学精神。校园文化建设与大学精神是紧密相连、不可分割的。校园文化建设是大学精神的具体化和表现形式，大学精神是校园文化建设的提炼和升华。可以说，大学精神就是一所大学体现出来的生命力、创造力和凝聚力的整体风貌，是大学内在、本质的东西。高校必须以培育学校精神为长远发展目标，这样才能在竞争中立于不败之地。以大学精神统领校园文化体系，包括建设体现人文精神的校园环境文化与建设体现科学精神的高校制度文化；以大学精神提升校园文化的品位，应把思想品德教育放在首位，重点突出校园文化活动的思想性和深刻的教育意义，注重学校精神与正确价值取向的培育；以大学精神建设特色校园文化，可通过特色校园文化活动来培育特色大学精神。在大学这个圣洁的殿堂里，优美的校园风光、理想精神的浸润、师生之间的交流、富含卓著声望与人格魅力的学术大师都能够激发青年大学生潜心向学、报效祖国的热情。

大学精神最直接表征的“校训”能对全体师生起到一种警示和激励作用，应内化为全体师生的行为规范，从而鼓舞他们形成崇高的责任感、强烈的使命感和高度的荣誉感。因此，构建大学精神对校园文化的建设有着重要的促进作用，离开了大学精神，校园文化就失去了发展的动力。

2. 培育良好校风、教风和学风

（1）校风建设。校风是高校全体师生员工在长期的校园生活中经过共同努力逐步形成的相对稳定的精神状态和作风。

校风是一种道德情操、治学精神、工作态度的综合反映。从校风的表现形式上看，校风主要表现在校训、校歌、校徽和校旗上，如复旦大学的校训是“博学而笃志，切问而近思”；清华大学的校训是“自强不息，厚德载物”；北京大学的校训是“爱国，进步，民主，科学”。不同的大学有不同的风格，

在其影响下的大学生也必然具备不同的个性特色。优良的校风一旦形成，就能激励着教师为人师表、教书育人，也能鞭策着学生勤奋学习、积极向上。

（2）教风建设。教风是教师在长期教育实践活动中形成的教育教学的特点和风格，是教师教育理念、道德品质、文化知识水平、教学技能等素质的综合表现。教师的言传身教胜于一切。培养良好教风的关键是教师做好自身的职业道德建设，优良的教风能够引导学校教师树立正确的教育观、人才观和质量观，从而发挥教师对学生德育的影响。

（3）学风建设。学风是一所学校的学生在学习过程中表现出的一种治学精神、治学态度和治学方法，具体表现为学生的学习习惯、生活习惯、卫生习惯和行为习惯等。优良的学风是学校的宝贵财富，对学生的行为举止、人格品质有着重要的影响。

校风、教风影响和制约着学风，但学风又促进校风、教风的形成。优良的学风对激发学生学习的主动性和积极性、促进学生人格品质的发展和完善具有重要意义。

3. 加强大学生价值观教育

对高校大学生进行价值观教育，能使大学生形成健康向上的生活态度，振奋精神。

（1）开展理想信念教育。理想是我们对未来有实现可能的奋斗目标的一种向往和追求。对大学生进行理想信念教育要结合本校德育目标和具体任务，激励学生胸怀远大理想；要引导学生理性地追求合理的个人理想，引导学生团结起来为共同理想奋斗；要帮助学生正确处理各种利益关系；要针对不同学生的思想实际确定不同的教育方法。只有这样，理想信念教育才能深入人心，理想才能成为推动大学生个人进步和促进社会发展的巨大精神力量。

（2）开展社会责任感教育。社会责任感作为一种道德情感，主要是指一个享有独立人格的社会成员对国家、集体和他人所承担的职责、任务和使命的态度。大学生是祖国和民族的希望，他们的社会责任感的强弱将直接关系到社会主义现代化事业的成败。因此，要对大学生开展社会责任感教育，引导学生认识到个人的人生价值并不是索取而是奉献，为社会所做贡献的多少是评价个人人生价值观的主要标准。要积极投身于现代化建设，为社会多做贡献，这样才能更好地实现自己的人生价值。

（3）开展艰苦奋斗精神教育。艰苦奋斗是中华民族的美德，是一种昂扬向上、奋发图强的精神风貌。在社会主义现代化建设的新时期，仍然要提倡艰苦奋斗的精神。当前，在更加开放的信息时代和互联网社会，大学生容易受到社会上一些腐朽思想和生活方式的侵蚀，从而导致拜金主义，丧失艰苦奋斗精神。应对大学生进行艰苦奋斗精神的教育，帮助大学生明辨荣辱是非，做任何事情要不怕困难、百折不挠，为实现自己的目标努力奋斗。优良的艰苦奋斗精神是大学生走向社会的需要，也是培养他们正确价值观的需要。

4. 充分认识和利用校园网络文化

互联网已经全面渗入人们的日常生活，并逐渐成为社会舆论最重要的传播载体之一。网络文化以互联网为载体、以“人—机”信息互动为沟通半径、以个性化的选择偏好为基础、以“价值—行为世界”为构建方式。当前，大学生常常利用网络获取信息、休闲娱乐和广泛交友，但对于网络中一些消极的思想观念，大学生的辨别分析是非能力还不够，这些观念极易引起大学生思想上的混乱，加之网络是一种“虚拟世界”，容易造成大学生人际交往的萎缩和淡化，导致大学生出现心理障碍。所有这些都会影响到高校德育的效果。因此，高校要充分利用网络这一载体，广泛传播文明，抵御不良影响，占领校园网络阵地。可以建设一大批有特色、有吸引力、有影响力、有内涵的思想政治教育网站，开发特色校园栏目，开设信箱留言、咨询热线、就业导航、网上学校等频道。通过建设校园精神文化和思想政治教育体系的网络前沿阵地，极大提高校园精神文化和思想政治教育的针对性、实效性和主动性，增强对大学生的吸引力，从而提升大学生的思想道德品质。

（三）营造民主公正、科学规范、激励自律的校园制度文化环境

《中华人民共和国高等教育法》规定的“高等学校应当面向社会，依法自主办学，实行民主管理”是现代大学制度的核心，也是现代大学制度的基本标志。高校制度文化在规范全体师生的思想观念和行为准则方面有着其他方式无法替代的作用，它为大学生提供善与恶、对与错、好与坏、美与丑的评价标准，并约束大学生的行为。良好的校园制度文化能使每一位大学生身心愉悦，性情得到陶冶。高校制度文化的建设将推进“依法治校”进程，为营造公平、公正、和谐的校园文化环境提供强有力的保证，同时建章立制是高校校园文化发挥其德育功能的重要保障。当前，加强高校校园制度文化以推进德育功能要注意以下三个方面的内容。

1. 建立完善的高校校园制度文化体系

建立和谐统一的制度体系意味着从学习、生活、娱乐、工作各个方面鼓励与校园文化相一致的思想行为，抑制与校园文化相背离的思想行为，使奖励和惩罚成为校园文化建设的有力保证，使学校倡导的积极向上的价值观念变成可见的、可感的、现实的因素，时刻发挥着心理强化的作用。

（1）必须坚持以马克思列宁主义、毛泽东思想、邓小平理论、“三个代表”重要思想、科学发展观、习近平新时代中国特色社会主义思想为指导。校园制度文化在高校中起着维护校园稳定的作用，是高校校园文化建设体系的保障。因此，在建设中，它必须坚持弘扬主旋律，与时俱进，营造良好的育人氛围。事实上也只有这样，高校在培养时代新人才时才有现实可靠的方向保障。

（2）构建具有合法性、权威性和可操作性的高校规章制度。一方面，高校制定的规章制度不能与法律法规相冲突；另一方面，高校实行依法治校，权威性是高校制定制度文化的重点。每所高校都有自己的校园制度文化，而校园制度文化的主要表现载体是高校的各项规章制度，制定健全而严密的规章制度是高校管理的最基本手段。

（3）充分体现制定与实施校园制度的公平性。高校校园制度文化要表现公平价值不仅在于制度制定的公平，也在于制度实施的公平。高校校园制度文化是否科学、规范、公正，在于其是否尽可能地反映了广大师生的利益，是否由广大师生参与了制定。

因此，高校制定作为刚性制度文化的各种规章制度时应当进行广泛、充分的研究调查，积极鼓励全体师生参与并广纳群言。如今，高校已全面实施素质教育，有些规章制度已不适应高校发展的要求，必须及时修改和完善，以促进校园内全体师生员工的发展为最终目标。要注重“以人为本”的管理理念，重视学生的权利，制定出符合实际的校园规章制度，为高校校园文化环境建设提供制度上的保障，使大学生的德育素质得到有效的提高。

2. 制度约束与道德约束相互补充

道德、法律都是行为规范，只是约束的强度不同。道德规范依靠社会舆论、内心信念来发挥作用，而制度、法律则依靠不同程度的强制手段来保证其规则的执行。俗话说：“没有规矩，不成方圆。”校园群体成员来自不同的地方，思想、性格、道德水平也千差万别。虽然大学生的道德行为受到自身道德认知水平的支配和控制，但是如果没有良好的行为习惯作为基础，就不能保证其行为时时处处都能合乎道德规范。高校制定的制度文化是大学生形成良好行为习惯的基础和保障，它有明确的行为规范标准，全体师生的行为可否都是有章可循的，学校里每一个人都有与自己身份和角色相对应的责任和义务。

校园制度文化是校园教学、管理、生活能够顺利进行的保证，约束着全体师生的教学活动、科研活动和日常生活，它告诉教师与学生哪些行为可以做，哪些行为必须做，哪些行为不能做，对全体师生发挥着制约作用，能使每一位师生的思想观念都融合于校园集体之中，对于大学生而言，它还是大学生养成良好行为习惯的重要保障。在高校所有的教育资源中，人是最重要、最宝贵的资源，制度文化建设的基点应该是尊重师生权利，满足师生需要，促进师生的全面发展，因此高校除了应多采用奖励性规范，尽量避免惩罚性规范，还应对大学生给予情感上需要的关心和人性的关怀，使大学生感受到制度外浓郁的精神氛围，达到激励和教育的目的，从而使道德规范从他律性向自律性转换。

3. 加强对校园规章制度的宣传

高校大学生之间存在个体差异，在某种情况下对于高校校园制度文化含义及现象的理解会存在偏差，甚至出现对立现象，这样校园制度文化就很难为大学生所理解、支持，从而使大学生出现与制度文化不相符的行为，制度文化的规范和调节作用也会大大削弱。因此，高校校园制度文化不仅要通过学校组织的各种活动向大学生进行传播，还要借助学校专门的校园文化传播阵地，如学报、校报、校园广播、校园网、校园宣传栏、学校和院系主办的各种学术刊物等传播手段使全体师生员工能全面、及时地了解学校制定和实施的各项规章制度，使学校师生在高校校园文化活动中遵循特定的学校准则，并根据规章制度规范自己的日常行为。

二、努力营造良好的德育环境

德育环境是大学生形成和发展良好思想品德的基础，对大学生有潜移默化的影响，对大学生的世界观、人生观和价值观的形成有着其他因素无可替代的作用，因此高校应加强德育环境的营造。

（一）确立重要思想认识

1. 体现“德育为先”意识

要营造一个良好的德育环境，必须有相应的思想观念予以支持。为此，高校必须牢固确立“德育为先”意识。学校的目的就是促进大学生全面发展，为中国特色社会主义事业培养人才，知识和才能在人的发展中的重要作用是不能被忽视的，是进行德育的基础，而德育的素质影响着知识和才能的发挥，两者缺一不可。但是，现在许多高校仍存在“重智育，轻德育”的思想，对德育的重视还不够，“德育为先”的理念还未在人们头脑中扎根。高校只有秉承“德育为先”的教育理念，才能扫除大学生思想上和行动上的障碍，将德育工作的要求真正落到实处，保证德育目标的实现。

2. 秉承“服务育人”思想

大学生既是教育的对象，又是服务的对象，树立“服务育人”的理念是新形势、新任务对高校德育工作的基本要求。在对学生进行德育教育时，德育工作者要成为大学生的知心朋友，关心他们的生活，倾听他们的声音，了解他们的所思所想，对他们在学习、恋爱、交往、就业等问题上的困惑及时加以引导，帮助他们排除苦闷与不满情绪。“服务育人”就是要以大学生为核心，针对大学生的思想需求和变化开展德育教育，用人性化的服务帮助大学生解决所遇到的困难和问题，以满足大学生成长和成才的需要；营造有利于创新型人才培养的校园氛围，为大学生的全面发展提供尽可能大的空间和尽可能好的条件，让大学生的个性在优质服务中得到良性培育和引导，以促进大学生健康、和谐成长。

（二）把握德育主线，促进大学生全面成长

1. 将道德教育融入校园文化建设

高校肩负着为社会培养和输送合格人才的使命，大学生不仅要有健康的身体、合理的知识结构，更要有良好的道德修养。高校校园文化建设要以“培养全面发展的高素质人才”为根本目的和任务，只有将思想道德教育融入校园文化建设，加大大学生道德文化建设具体环境的软硬件建设力度，树立科学的德育观，尊重大学生的主体地位，考虑大学生的个性需求，才能

让大学生在校园物质文化、校园精神文化和校园制度文化中感受到德育的影响，如经常举办各种与德育相关的活动，在教师队伍中倡导“以德治教”的教育思想，广泛开展“讲文明、树新风”等有益于提升大学生思想品德的活动。只有这样，才能有效地转变大学生的德育观念，才能丰富德育教育的内容，才能推动德育方式的创新，进而促进大学生全面健康发展。

2. 掌握学生思想状况，有针对性地开展德育工作

在高校中，大部分大学生积极进取、勤奋学习、团结友善，热爱健康文明的生活方式，有着强烈的爱国主义、集体主义精神，主动践行社会主义核心价值观。但随着经济全球化的发展，部分大学生在思想道德方面出现了诸如道德困惑、道德沦丧、理想消沉等新情况和新问题。因此，正确掌握大学生的思想状况对改进和加强高校大学生的德育教育、提高大学生的思想政治素质具有重要意义。高校可通过对大学生的理想信念等方面的调查研究，了解当代大学生的基本思想状况，为开展有针对性的德育教育提供依据。例如，开展大学生对诚信的总体认识和自我诚信评价等方面的调查，对统计结果进行分析研究，得出与大学生的诚信状况相关的结论，从而采取制定德育诚信制度与措施、营造明礼诚信的文化氛围、积极发挥课堂主渠道作用、加强班级建设等手段不断提高大学生的诚信意识。

3. 加强德育工作队伍建设

德育工作队伍是教学活动的组织者和实施者，在德育工作中发挥着主导作用，他们的工作理念、工作能力直接影响到德育功能和目标的实现情况。高校要推进对大学生德育教育的影响，迫切需要一支具备广博知识和高尚思想道德素质的德育工作队伍。建设高水平、高素质的德育工作队伍需要加强师德建设，重视教师的发展提高。身教重于言教，高校德育工作队伍的政治素养、道德品质、心理素质、举止言谈都会对大学生产生耳濡目染的影响。

4. 开展心理健康教育

加强大学生心理健康教育是全面贯彻党的教育方针、实施素质教育的重要措施，是促进大学生全面发展的重要途径和手段，是高校德育工作的重要组成部分。随着我国高等教育事业的快速发展，大学生心理健康教育越来越重要，高校可针对每个大学生的心理特点建立一套比较完善的教育、咨询、

预警和危机干预及援助体系；开展新生心理普查、健康讲座、系统的心理健康知识理论学习和指导训练等心理健康教育活动；建立由专业工作人员、院系辅导员、学生骨干组成的工作体系；构建校、院、学生社团预防体系，有效保证大学生全面健康成长。高校提高德育效果的基础和前提必须是大学生心理健康，大学生只有心理健康，才会比较顺利地形成良好的思想政治品德，才会成为有理想、有道德、有文化、有纪律的社会主义新人。

5. 树立学生典型

典型体现的正是理论、主义、道德、情操与行为的完善统一。典型最能震撼人、感化人，一个典型的事迹往往能教育一代人甚至几代人。高校在运用社会先进典型对大学生进行教育时，要深入调查，准确定位。选好典型，更要注重发现和培养大学生身边的典型，不拔高不降低。校园师生中的先进典型对大学生的影响更加直接和具体，要找准典型的代表性，使典型体现时代精神的闪光点，利用报纸、广播等媒体，借助演讲等形式大力开展宣传，使典型的先进事迹为师生所了解，从而营造良好德育环境。

（三）加强德育宣传管理

加强高校德育宣传管理是营造良好德育环境的时代要求，是实现高校德育目标的必要保证，通过校园文化建设进行德育宣传工作就是一个行之有效的方法。高校德育宣传的重要目标是培养大学生良好的思想道德情操，引导大学生树立科学的世界观、人生观和价值观。由于大众传播媒介形式多样、内容广泛、覆盖面广，所以传播迅速，影响力巨大。大众传播媒介能将校园里发生的重要事情迅速传遍各个领域并引起反响，使师生能够较自由地获取信息，但也应看到它对德育要求产生了干扰。因此，我们要从三个方面加强德育宣传管理。

1. 把环境育人作为德育宣传理念

高校德育环境是由人工所创设，具有明确的目的性。环境不断地对大学生施加影响，如物质文化环境重在熏陶和陶冶，润物细无声；精神文化环境重在舆论引导，循循善诱。大学生并不只是被动地接受德育环境的影响，而是通过发挥自身主动性和创造性，积极地对德育环境施以反作用。如果对大学生的这种能动性进行正确的引导和规范，并加以高校德育宣传，就可以使环境成为对大学生德育教育施加积极影响的主要力量。可见，高校应将环境育人作为德育宣传理念，并注意优化周边环境，清除负面文化的传播源，堵塞污染渠道，抑制低级文化渗透，从而达到形成良好的校园道德风尚、环境育人的目的。

2. 利用德育宣传正确引导大学生的思想和行为

高校对大学生进行德育宣传要摒弃模棱两可的宣传，摒弃不正确的宣传，要考虑大学生不同层次的德育需求，区别对待。高校可以通过报纸、广播、网络等传播媒介，组织各种以德育教育为主题的校园文化活动，使大学生明确高校倡导什么，如在个人利益与国家、集体利益发生冲突时，能够毫不犹豫地牺牲个人利益，维护国家利益和集体利益。

3. 建立德育宣传监督机制

加强对德育宣传的管理与监控，着力监控传播渠道，保证高校倡导的思想和观念得到有效的宣传。建立德育宣传制度，责任到人，重视对各类人员和每项活动的管理。

三、完善高校校园文化活动体系

活动是校园文化建设中最具特色的内容，既承载和体现着校园文化的内涵，也传承和发展着校园文化的内涵。高校校园文化活动的建设有利于促进高校形成丰富、和谐、高品位的校园文化，有利于促进校园文化中德育功能的充分发挥，有利于全面提高师生的综合素质。

（一）社团活动

高校社团是大学生自发组织，在共同兴趣和爱好的基础上，按照一定章程并经学校相关部门批准的一种群众性组织。社团活动不仅是大学生校园文化活动的重要组成部分，也是大学生素质教育的重要载体，为和谐校园的建设注入了许多新的活力。高校社团活动大致可分为思想政治、学术科技、兴趣爱好、志愿服务等几种类型，多样化的社团活动融入与渗透了人生观、价值观、世界观以及爱国主义、社会主义和集体主义教育，倡导了团队精神、竞争精神、开拓精神、科学精神、奉献精神与创新精神等。对于大学生来说，各种类型的社团活动对适应学习环境、提高处理能力、掌握交往技巧、克服心理障碍、培养兴趣爱好等方面能起到重要的作用，在这个由不同学院、不同专业、不同年级的学生组成的“大家庭”中能获取更多的间接经验。

高校结合专业以竞赛、讲座等形式开展的寓教于乐的活动为每一位参加社团活动的大学生创造了各种交往的机会，在社团里可以无拘无束地表达自己的观点。大学生参加团队活动能够深刻领悟到每一项社团活动都凝结了社团成员的心血，需要大家共同努力、相互配合才能出色完成。社团活动不仅丰富了大学生德育工作的内涵和外延，还给高校德育工作增添了新的活力，使大学生能积极主动地融入丰富多彩的校园生活，与他人协作，真诚相待，相互支持。

（二）文体活动

高校文艺活动是校园文化活动的重要组成部分，对陶冶大学生情操、提高大学生艺术鉴赏力有着重要的作用，积极向上的文艺活动所展示的内容对大学生人生观、世界观与价值观的形成与大学生思想道德品质的提高具有非常重要的作用。文艺活动深受大学生的喜爱，学生可以根据自己的兴趣、爱好和特长，自愿选择和参加高校举办的文艺活动。高校应多举办校园文化活动，如举办各种专题文艺晚会、校园文化艺术节，开展书法、美术、摄影艺术展，送高雅艺术进校园。反映校园生活和时代特征的小品、相声等艺术形式的内容贴近大学生实际，可以使大学生受到潜移默化的教育，帮助大学生提高辨别是与非、善与恶的能力。校园文艺活动离不开大学生的参与，大学生正值青春期，他们思想活跃、兴趣广泛，喜欢参加丰富的课余文化活动，渴望校园文艺活动能够满足他们的精神文化需要。因此，校园文艺活动必须坚持以人为本，高度重视和发挥大学生的主体作用，充分调动一切积极因素，创造良好的校园文化活动氛围，并将以人为本的教育理念始终贯穿文艺活动的全过程。体育活动在高校同样占有重要的地位，不仅可以帮助大学生锻炼身体，更能达到进行思想品德教育的目的。它有利于增强大学生的身体素质，有利于培养团结协作精神，有利于缓解大学生的学习压力。随着社会与经济的快速发展，大学生对体育活动的认识不再局限于强身健体，他们希望能在体育活动中得到更多的精神享受。高校每一年都会举办体育运动会，这已经成为固定的校园文化活动，这些体育活动向大学生弘扬了集体主义和爱国主义精神，增强了大学生的竞争意识和团结精神，培养了大学生勇敢顽强的性格和超越自我的品质。

（三）学术活动

大学是进行科学研究、开展学术活动的殿堂，作为一名大学生应该具备一定的学术能力。以大学生课外学术为主题的校园文化活动有利于提高大学生的科研素质和水平，有利于提高大学生的动手能力和实践能力，有利于提高大学生的科技创新精神。开展大学生学术活动可从三个方面入手。

1. 有针对性地开展学术活动

来自不同年级的大学生在学习上表现出不同的特点，对于学生的学术活动只有采取分类指导，有针对性地开展，才能使其具有生命力和吸引力。可通过开展不同类型的学术活动，如学术研究、专题报告、学习竞赛等来满足不同层次大学生的需要。

2. 举办科技活动、竞赛活动

举办各种丰富多彩的科技学术活动，组织大学生参加各类学术竞赛活动。例如，共青团中央、中国科协、教育部等联合主办的“挑战杯”全国大学生课外学术科技作品竞赛。很多高校也在研究生和本科生中开展学术节活动，举办科技征文、科技讲座、“科技之光”文艺会演以及评选优秀的学术作品。这些活动不仅使大学生增长了知识，也丰富了大学生的课余文化生活。

3. 创建校园学术平台、课外科研小组

比如，创立“科学论坛”，大学生自愿报名参加，并在教师的指导下开展课外科研活动，学生之间可以进行更多专业上的交流，并进行优势互补，强强联合。课外科研活动是学生课余活动的重要内容，必然会对大学生的思想道德教育发挥重要的作用。

（四）社会实践活动

社会实践活动是在课堂教学之外，让大学生对课内所学知识进行实际应用，使在校大学生服务社会的教育实践活动。社会实践活动形式多样，有志愿者服务、勤工俭学活动，有暑期“三下乡”服务“三农”活动，有社会调查研究、科技发明活动，有红色景点参观访问活动，还有各种补习活动等。大学生通过亲身体验生活，能够感受到贫富差距与城乡差异，正确认识到自己和社会需要之间的差距，看到自身知识和能力上存在的不足，在与社会的接触中受到活生生典型事例的教育和启发，使自身的思想道德得到升华，完善自我。

第四节　优秀传统文化的德育价值及其关系

习近平总书记非常重视中华优秀传统文化传承创新，2014 年 2 月他在中共中央政治局第十三次集体学习时的讲话提出：“要认真汲取中华优秀传统文化的思想精华和道德精髓，大力弘扬以爱国主义为核心的民族精神和以改革创新为核心的时代精神，深入挖掘和阐发中华优秀传统文化讲仁爱、重民本、守诚信、崇正义、尚和合、求大同的时代价值，使中华优秀传统文化成为涵养社会主义核心价值观的重要源泉。”

一、优秀传统文化中的德育思想

（一）社会公德：重生态、尚和谐

1. 重生态

无论是儒家文化还是道家文化和佛教文化，都非常看重人在自然中的地位，重视人在自然界中扮演的角色。

人是自然界的一部分，生于自然，死后也归于自然，人在自然界最重要的作用就是“参赞化育”。《中庸》中关于人与自然的关系是这样阐述的：“唯天下至诚，为能尽其性；能尽其性，则能尽人之性；能尽人之性，则能尽物之性；能尽物之性，则可以赞天地之化育；可以赞天地之化育，则可以与天地参矣。”其旨在表明只有天下最为真诚的圣人，才能更好地发挥自己的本性，才能充分调动一切人所固有的本性；能充分调动一切人所固有的本性，就能充分领会万物所固有的本性；能够充分领会万物所固有的本性，就可以顺应自然养育万物；可以协助天地造化养育万物，则至诚的功效就可以与天地并列为三了。《中庸》强调了只有在充分认识万物、了解其规律与联系后才能予以协助与帮助，并且应遵循以诚待物的原则，即尊重、爱护、理解万物。道家强调“人法地、地法天、天法道、道法自然”，强调人与自然要和谐。

在我国传统生态观里，尊重自然莫过于对待自然能有知足知止的理念。自然给予了人类巨大馈赠，老子曾提出“祸莫大于不知足，咎莫大于欲得”“故知足不辱，知止不殆，可以长久”。庄子也曾说：“平为福，有余

为害者，物莫不然，而财其甚者也。”天下最大的祸患莫过于不知足，最大的罪过莫过于贪得无厌。在自然界中有生有死，有生存的困境与逆境，无一例外。在我们共存的生态环境里，我们应该克制自己的欲求，对自然资源的无节制索取将使我们的子孙后代没有立足之地。我们对自然的索取不仅要知足，还要知止。不妄加行动，不涸泽而渔、不杀鸡取卵，明白人与自然是和谐统一的关系，面对严峻的生态问题，人类要控制征服自然的欲望，做到知足知止。

2. 尚和谐

中国传统文化以“和”为最高价值目标，“和”文化也是我国传统文化中宝贵的德育资源，我们可以从中挖掘出许多有价值的内容来引导大学生建立和谐人际关系。

传统文化中的“和谐”与“中庸”体现的都是一种超越两级对立的独特辩证思维方式。《礼记·郊特牲》谓：“天地合，而后万物兴焉。”汉代大儒董仲舒在《春秋繁露·深察名号》中提出“天人之际，合而为一”的观点，他还曾在《春秋繁露·天阴阳》中指出“举天地之道，而美于和”，将人类社会最美好的状态描述为“和谐”。

儒家在论述“和”时非常注重原则和礼制，孔子在《论语·阳货》中说道：“乡愿，德之贼也。”意为貌似忠厚而没有是非观的人是道德的败坏者。孔子坚决反对以一团和气掩盖矛盾，谴责没有原则的小人，他指出了“和”与“同”的区别：“君子和而不同，小人同而不和。”君子能与周围的人和事保持融洽和谐的关系，但君子从来不盲从别人的观点，任何是非曲直都应经过理性思考，不盲从、不随声附和；小人则是盲目附和，但内心并非一致，也没有自己的见解。

道家主张国家和平，反对战争。老子说：“兵者不祥之器，非君子之器，不得已而用之，恬淡为上，胜而不美，而美之者，是乐杀人。夫乐杀人者，则不可得志于天下矣。吉事尚左，凶事尚右。偏将军居左，上将军居右。言以丧礼处之。杀人之众，以悲哀泣之，战胜以丧礼处之。”老子认为兵器是不祥和的东西，不到万不得已不要去使用，嗜好打杀的人是不可能取得天下的。在战争中，哪怕打了胜仗也不要自鸣得意，要按照凶丧礼仪来处理。

传统文化体系中和谐观具有重要价值。

第一，有利于大学生形成和谐的人际关系。传统文化中的“和谐观”在人与人的交往中主张“和为贵”，提倡人与人之间和睦相处、团结协作、资源共享。随着时代的发展，社会形势复杂多变，校园环境中也有着很多深层次的问题。在我国德育实践中存在着学生与学生、学生与教师、学生与管理者等许多矛盾。例如许多学生对当下的思想政治教育兴趣不足，觉得它们空洞没有情感，但传统文化中的“和谐观”融入德育实践中后往往会让学生产生一种归属感，因为传统文化是中国人的根基，千百年来与国人息息相关。孔子描述的理想人格也以“仁爱”“宽厚”为基本特征。孟子的“天时不如地利，地利不如人和”的观点肯定了人际和谐的重要性。当“和谐观”融入大学生的人际交往观念中，成为他们解决矛盾的思维方式，就有利于和谐人际关系的形成。而当大学生将“人和”的思想当作一种价值观来行事，处理好身边的人和事，人际和谐的目标也就水到渠成了。

第二，有利于高校和谐德育的发展。不仅学生要将传统文化中的和谐思想运用到人际关系处理中，教师还要将其运用到德育实践中，要树立起和谐的德育理念。“和谐观”就是对人的重视与尊重，和谐德育的本质就是“以人为本”。“以人为本”要求每位教师都要尊重学生的个性发展，根据每个学生个人的专长、特点，在不违背教育总目标的前提下发挥他们的专长，鼓励他们自由、全面发展。和谐德育的基础是和谐、平等、共进的师生关系。伴随和谐的师生关系发展而来的是师生轻松愉悦的学习、生活氛围，有利于受教育者达到“亲其师、信其言”的教育效果。

（二）职业道德：存诚信、勤学业

在职业道德领域，诚信为做人行事之本。我国优秀传统文化中不乏许多诚信经典。对于大学生而言，现在的本职工作就是学习，我国传统文化中“重学”“勤学”的思想可以引导学生克服懒惰、不思进取的陋习。

1. 存诚信

诚信是人们在社会上的立身之本，是公民的第二个“身份证”，良好的社会风气是靠每位公民用诚信的行为一点一滴塑造出来的。“诚”是儒家的中心思想之一，宋代理学家朱熹谓：“诚者，实也。”《礼记·祭统》中写道：“是故贤者之祭也，致其诚信，与其忠敬。”“信”与“诚”相通，要求人们做到言行一致。故孔子曰：“人而无信，不知其可也。”北宋周敦颐在《通书·诚下》中提出了“诚，五常之本，百行之源也”的观点，由此可知，古人将诚信作为为人处世的黄金定律，也是普罗大众的道德底线。

如今大学校园里不诚信行为屡见不鲜，期末考试中，弄虚作假、违规舞弊；人际交往中，缺乏最基本的真诚，个别大学生甚至有欺诈行为；在经济方面，有些学生编造家庭困难的谎言以申请减免学费和困难补助，最后只是为了满足自己的超额消费。我国传统文化中的诚信思想带有强烈的道义性，主张人们在“义”与“利”之间坚持道义，其具有的强烈的感情色彩容易感染受教育者，帮助他们克服不诚信的行为。

传统文化体系中的诚信具有重要价值。我国传统文化之所以将“诚信”作为每个人的立身之本，不仅因为诚信是人类最美好的品德，还因为诚信的价值远远不止“立身”这样简单，诚信的理念可以运用到社会的各个方面。

第一，能更好地与他人相处。在交友方面，孔子说：“与朋友交，言而有信。”意在忠告人们交朋友的时候，对待朋友应该讲诚信、重诺言，这样朋友才能信任你，才会觉得你也是值得托付的人。这也是在提醒大学生，朋友之间的关系是建立在诚信之上，若不诚信，那么朋友之间的关系便会充满虚伪和欺骗，这样就难以交到真心朋友。

第二，能更好地与自己相处。《孟子·尽心上》说：“万物皆备于我矣。反身而诚，乐莫大焉。”万事万物的道理都在我心中，反躬自问诚实无欺，便是最快乐的了。这说明真诚无伪能使人内心坦荡。人如果不讲诚信，则有可能活在“做了亏心事，害怕鬼敲门”的阴影之下，终日难安。

2. 勤学业

对于现代大学生来说，学业是本职工作，在校时勤奋刻苦地学习专业知识，日后在工作岗位上便能更好地运用知识。

我国传统文化中的勤学敬业包含了刻苦勤奋、爱岗敬业、忘我奉献等精神。宋代理学家朱熹说：“敬业者，专心致志，以事其业也。”这里的“业”指的就是学业。“闻道有先后，术业有专攻”，大学生的“专攻”就是各自的专业素养，中华民族一贯以勤奋好学著称，孔子说：“我非生而知之者，好古，敏以求之者也。”他主张在学习上发挥主观能动性，认为知识可以通过刻苦学习获得。荀子在学习上也表明了自己的态度，认为“学不可以已”，学习在于坚持，“锲而舍之，朽木不折；锲而不舍，金石可镂”。并且强调学思结合，学行并重。儒家提倡“博学之，慎思之，审问之，明辨之，笃行之”。

对于大学生来说，获得知识在于一点一滴的积累。道家学派的代表人物老子说过：“合抱之木，生于毫末；九层之台，起于累土；千里之行，始于足下。”这个观点是对急功近利的最好反击。西方腐朽思想使一些学生滋长了拜金主义与享乐主义，常有大学生妄想一夜成名或者不劳而获，奉行“六十分万岁，多一分浪费”的学生大有人在，为此我们要大力弘扬中华民族勤奋好学的优良传统，以古人学而不厌、锲而不舍的精神来激励下一代人，激励他们在校时珍惜时间充分学好本领，激励他们走上岗位后从基层干起，只有这样的人才才具备建设社会主义事业的才干。

传统文化体系中的勤学敬业具有重要价值。

第一，有利于构建学习化社会。对传统文化中勤学敬业思想进行研究可以加深大学生对构建学习型社会的理解。一是学习型社会具有时间和空间上的统一性，孔子说：“吾十有五而志于学。三十而立，四十而不惑，五十而知天命，六十而耳顺，七十而从心所欲，不逾矩。”宋代欧阳修主张人们应该不断学习和实践，因为“学之终身，有不能达者矣。于其所达，行之终身，有不能至者矣”。二是学习型社会具有全民性。《颜氏家训·勉学篇》中说：“幼而学者，如日出之光；老而学者，如秉烛夜行，犹贤乎瞑目而无见者也。”无论老少，无论学习能力强弱，勤学不辍都是提升自己的最佳途径。

第二，有利于树立正确的学习观。在学习型社会中，勤学不辍是一种美好的品质，学习的道路上多坎坷，勤学敬业强调的一个方面就是对学习意志、学习信念的提升，如果把个人资质比作沃土，那么勤奋就是耕作了。高校教育不同于高中教育，如今许多大学生还只懂得提高分数的重要性，并不懂得学习能力的重要性，这种认识需要纠正。传统文化中的勤学思想在大学生学习过程中能起到价值支撑与动力支撑的作用，对学习的方向起着引导作用。

（三）家庭美德：行孝道、传家风

家庭美德教育是高校德育工作的重要内容之一，孝文化无论在过去还是现在都具有很强的伦理价值与社会价值，对培养学生感恩意识起着重要作用。家风家训是我国优秀传统道德传播的重要载体，是提高学生道德水平的途径之一。

1.行孝道

孝德是个人基本素养的体现，也是中国最古老的优秀品德之一，“孝”可以衍生出其他美好的品德，对传统孝文化进行研究可以丰富孝德的时代内涵。

《礼·祭统》谓：“孝，从爻从子，效也，子承爻（天地万物变动、生生不息的规律）也，善事父母也。顺于道，顺天之经；循于伦，循地之义。”意指赡养父母是天经地义的事情。中华传统文化中的孝道观以儒家最盛。

首先，《诗经》和《尚书》这两部经典是由孔子编订的儒家经典，里面记录了朴素的孝道观念。《诗经·齐风·南山》中说道：“蓺麻如之何，衡从其亩。取妻如之何，必告父母。”诗借用种麻必有田垄的道理比喻娶妻必须告诉父母。《诗经·大雅》中还说：“永言孝思，孝思维则……永言孝思，昭哉嗣服。”孝顺先人的思想是全体臣民的榜样。“孝子不匮，永锡尔类”。孝顺的子孙一代又一代，上天会赐福于这样孝顺的人。

其次，孔子将孝敬父母从物质层面上升到了精神层面。《论语·为政》记载，子游问孝于孔子，子曰：“今之孝者，是谓能养。至于犬马，皆能有养。不敬，何以别乎？”孔子在这段话中否定了物质上供养得好就是孝道的思想，因为连狗和马都有人喂养着，如果不敬重父母，与养狗养马有何区别呢？《论语·里仁》中说：“父母之年，不可不知也。一则以喜，一则以惧。”父母的年龄我们不可不记在心中，一方面为他们的高寿而欢喜，另一方面为他们的衰老而忧惧。

最后，孟子的孝道思想与孔子一脉相承，他提倡“尊”与“养”，将事亲、孝顺父母作为事孝的根本。《孟子·离娄上》中云：“事，孰为大？事亲为大。守，孰为大？守身为大。不失其身而能事其亲者，吾闻之矣；失其身而能事其亲者，吾未之闻也。孰不为事？事亲，事之本也。”孟子在这段话中阐述了侍奉双亲的重要性，侍奉双亲是侍奉的根本。

传统文化中的孝德具有重要价值。

第一，有利于增强德育体系的民族特色。民族文化是每个民族最独特的图腾。“孝”文化是中华民族传统中一颗璀璨的明珠，古时科举设有“孝廉科”以察举孝子廉吏，孝子也广为人们所尊重。孝德的本质是一种爱与敬的行为，是人们实践道德的起点。有了爱敬身边人的意识，才可能有爱敬他人的善行，这样才衍生出了人间美德。父母给了孩子生命的起点，孝德培养了孩子敬爱父母的思想，以这样的感情为基础，有利于个体形成对祖国的情感和对民族的情感。

第二，有利于与大学生其他优秀品德相互融合、促进。学生个人品德的形成在于他们的个人实践，而在实践中孝德对其他道德的形成具有至关重要的影响。实践证明不具备孝德的人很难在道德水平上达到更高层次。其原因在于孝德本身就包含许多其他道德所具备的普遍性。一是孝子对父母的孝心可以成为他们遵纪守法的约束力。孩子不遵纪守法，父母就会忧心忡忡，一个家庭则无宁日，孝子是对家庭有责任感的人，要对家庭负责，不会让家庭陷入不安。二是孝子对家庭的责任感可以上升到对社会的责任感。赡养父母的责任意识让子女懂得回报父母、奉献家庭，有助于他们奉献精神的养成，有助于他们社会责任感的养成，这也印证了历史上许多仁人志士以孝励志、建功立业的史实，对于现代社会具有极大意义。

第三，有利于丰富高校感恩教育题材。学生的德育启蒙于家庭，起始于家长教育，家庭是大学生德育情感萌芽的第一场所。孝文化强调子女对父母的感恩，是感恩教育的起点，对学生的感恩教育有助于他们在逆境中勇敢、旷达地对待困难，应视作高校德育的重要题材。对家长的爱与敬是感恩家长最基本的形式，但是现代社会中许多子女却连这最基本的形式都忽视了，而孝文化的传播可以帮助大学生形成良好的道德习惯。

2. 传家风

家风传承了我国优秀传统道德的精华部分，对于家庭美德建设具有重要的参考价值，它是社会伦理道德文化的基础，也是我国社会文化、社会生活的集中体现。

家风通俗地讲就是一个家庭或家族的传统风尚。家风体现了一个家族族人的信仰，其主要内容多是对我国民族传统美德的传承，“家训”是其主要表现形式，对我国家庭美德教育具有非常积极的意义。

我国现有多部著名家风论著流传至今，如《曾国藩家书》《颜氏家训》《温公家训》等。家风在传承的过程中展现了我国优秀的传统文化，也使道德教育更广泛地遍布社会各个层面。在治家层面，家风的内容可以涉及生活的具体问题。例如，朱子的治家方略提道：“黎明即起，洒扫庭除，要内外整洁；既昏便息，关锁门户，必亲自检点。一粥一饭，当思来处不易；半丝半缕，恒念物力维艰。”[1]类似这样的家风多是勉励族人勤俭持家，让族人在家庭生活遇到困难时拥有坚定信念。在治学方面，如颜氏家训：“光阴可惜，譬诸逝水。当博览机要，以济功业，必能兼美，吾无间焉。”这一类的家风主要教导人们如何对待读书，如何钻研学问，如何运用知识。在为人处世方面，李大钊一生清正廉洁，其家风为“清正”。许多家风都是将优秀的品德与处世哲学精简后作为人生信条传给后人。

家风的实质功能就是家庭道德教育，家风家训不仅为家庭成员提供了

[1] 朱熹．朱子全书 [M]. 上海：上海古籍出版社，2002:53.

了解家族历史的材料，还提供了从饮食起居到为人处世等各方面的指导和警示。并且家风和社会主义核心价值观具有文化同根性，为我国国民践行社会主义核心价值观提供了广泛的群众基础。

家风的传承具有重要价值。

第一，有利于培育与践行社会主义核心价值观。2015 年习近平总书记在春节团拜会上指出："不论时代发生多大变化，不论生活格局发生多大变化，我们都要重视家庭建设，注重家庭、注重家教、注重家风，紧密结合培育和弘扬社会主义核心价值观，发扬光大中华民族传统家庭美德……"家庭是社会的基础单元，是公民成长的第一基地，家风家训是公民接受德育交互的最基础的途径，是培育和践行社会主义核心价值观的基础。家风作为社会主义核心价值观的微观载体，是社会主义核心价值观最鲜活、最具体的表现。良好家风包含了热爱祖国、勤奋上进、诚实守信、尊老爱幼等传统道德品质，与社会主义核心价值观在个人层面的要求"爱国、敬业、诚信、友善"一脉相承。因此，利用家风家训这个深入群众又利于推广的微观载体，将社会主义核心价值观外化为人民群众的具体行动是十分有利的。

第二，有利于提高家庭成员的道德修养。家庭与个人终生相伴，家风家训的教育对象是每一位家庭成员。孝道自古以来就被认为是个人品德中最基本的道德素质，孝悌也成为家风家训中的应有之义。家风中的孝悌观使子女既敬畏、感恩父母，又关爱兄妹，教导人们呵护每一位家庭成员，这样有利于家庭关系的和谐。

第三，有利于增强家庭凝聚力。家庭凝聚力是家风家训传承的主要动因。2014 年春节期间，央视《新春走基层 · 家风是什么》一经播出便引起了强烈的社会反响，主要是因为家风牵动着我国劳动人民的心理共识。良好的家风能引导人们正确地处理家庭问题，增强家庭的凝聚力，维护家庭的和谐。家庭的和谐关乎社会的和谐，其道德力量不可小觑，对家庭道德示范起到了警示作用，同时也规范了个人的社会行为。

（四）个人品德：塑人格、励勤俭

1. 塑人格

理想人格的树立不仅是大学生德育的重要内容之一，还是现代社会国民精神的重要组成部分。儒家学者塑造的理想人格是集多种优秀品格于一身的"圣人"，而内圣外王则是圣人最主要的特质。

“内圣外王”一词最早出自《庄子·天下篇》，后来被用于阐释儒学。儒家学者将此种理想人格作为自己的终极追求。荀子将其描述为“圣”“王”两尽的境界：“圣也者，尽伦者也；王也者，尽制者也。两尽者，足以为天下极矣。”传统文化将“内圣”与“外王”之间的关系普遍定义为“内圣”是“外王”的前提和基础。

“内圣”之道。首先，做人要正直。孔子曰：“人之生也直，罔之生也幸而免。”旨在说明一个人能够生存是由于正直，而不正直的人也能生存只是因为他侥幸地避免了灾祸。其次，做人要重视仁德。仁者爱人，仁强调的是人与人之间的相互爱护，具有利他性，要求个体站在别人的立场上体会他人的感受，多为对方考虑，做到“己欲立而立人，己欲达而达人”“己所不欲，勿施于人”。再次，做人要注重修养。曾子曰：“吾日三省吾身：为人谋而不忠乎？与朋友交而不信乎？传不习乎？”最后，做人需要不断反省自己，不仅在为人上，还有在学习上，要反省自己是否做得周全。孔子曰：“兴于《诗》，立于礼，成于乐。”即以诗歌来感发意志，促使个体自觉向善求仁，以礼实现人的自立，最终在乐的教育熏陶下实现最高人格的养成。从这里可以看出孔子对于人的教育，主张全面、广泛地提升个体修养，支持学生全面发展。

“外王”之道。儒家认为，个人只有在“内圣”的基础上才能实现“外王”的政治理想。“外王”之道对于当今大学生树立正确的政治观是有重要意义的。古代知识分子强化对实现抱负的追求，淡化对个人利益的追求。对于大学生来说，在校期间应该努力学好知识，明确自己的理想，坚定社会主义政治信念，立志为祖国和人民奉献终生。

传统文化体系中“内圣外王”理想人格具有重要价值。

第一，有利于实现现代德育目标。现代德育目标旨在培养出中国特色社会主义需要的人才，在传统文化体系中，其一，内圣外王的思想以“仁”为要义，不仅要关注个体内心道德，还要关注他人的感受，有利于现代德育中个体与群体之间融洽相处。其二，“内圣外王”观念带有激励色彩，有助于对现代德育个体产生启迪作用，加强个体能动性，有利于现代道德目标的达成。

第二，有利于丰富现代德育内容。“内圣外王”的理想人格既包含了对自身品格的修习，又包含了个体对外的道德行为规范。其对内主张个体全面发展，提升了个体的自我审美，丰富了美育的内容；其对外建功立业的情怀激发了德育个体对社会的责任感。将“内圣外王”的理想人格融入现代高校德育是传统德育与现代德育内容的承接，能将我国大学生德育水平提升到一个新的高度。

第三，有利于完善现代德育方法。传统文化中，对“内圣外王”理想人格的教育方法是值得现代德育工作者借鉴的。儒家注重“由内而外”的德育路径，主张先修身，通过修身不断提升内在的道德水平，再将优秀的道德品质践行于现世功业中。传统的德育方法虽然和现代德育方法有异曲同工之处，但更注重个体对于德育实践的切身感受。现代德育应借鉴传统德育对个体的重视，加强个体的主观能动性以更好地实现德育目标。

2. 励勤俭

勤俭是中华民族的传统美德，是修德齐家的良训，俭以养德，勤俭能避免过度的物质利欲。面对如今大学生消费虚高的现状，提倡节俭就是要减少奢侈消费、过度消费、不必要消耗等，用勤俭的观点引导他们进行科学的消费和生产。

中国劳动人民一向以勤劳节俭闻名于世。勤俭的本质不是聚集财富，而是促进个人道德的完善。孔子提出了“温良恭俭让”的道德要求，老子说人生有“三宝”——慈爱、勤俭、谦让，墨子主张“节用”反对“无用之费”。《周易》将人们对勤俭的态度描述为三种：一是“甘节”，即心甘情愿地节俭生活；二是“安节”，即虽然不那样乐于节俭生活，但是也不追求奢靡的生活和腐化堕落的事物；三是“苦节”，即将节俭生活当作十分痛苦的事来做，心中并不快乐。对于这三种态度，《周易》也给出了由此产生的不同结果：“甘节，吉也”“安节，享也”“苦节，凶也”。

孔子将俭纳入“温、良、恭、俭、让”五大美德之一，体现了俭德对于人们道德养成的重要性。孔子特别注重人对于礼的遵守，但是他也提出“奢则不逊也，俭则固。与其不逊也，宁固。”奢侈多了就会越礼，节俭了会寒酸，但是与其越礼，宁可寒酸。相比礼而言，孔子更看中个人俭德，因为俭不仅是节省，更是一种对自我的节制和约束，在有限的资源与无限的人类欲望中，俭德体现的是人类理智的约束。与之相反，纵欲不仅会使个人陷入困境，还会将他人带入危险境地。

传统文化体系中的勤俭具有重要价值。

第一，有助于大学生加强自律自控。改革开放以来，随着生产力的大幅度提升和全球化的深入，琳琅满目的商品进入了大学生的生活。处于成长期的大学生容易迷失自我、缺乏奋斗目标、松懈自我教育，往往会产生过度的物质欲望与攀比心理。俭德对大学生生活具有实际的指导作用，主张个体应克制自身的过度欲望，倡导绿色消费，反对铺张浪费，让大学生在克制中树立正确的消费观，养成勤俭节约的生活作风。

第二，有助于大学生养成适度消费方式。过度消费问题已经成为当今大学生无法规避的不良习惯，加之网络上各种平台推出的分期付款活动，许多学生在没有足够消费能力的情况下透支消费、超前消费。网上流传的“卖肾来买苹果手机”可以说是一个典型。勤俭品质的培养有利于纠正当前一些大学生错误的消费方式，养成适度消费的观念，避免因过度消费而损害身心健康。

第三，有助于大学生养成良好生活习惯。俭德是最能代表中国劳动人民形象的品德，古代劳动人民“一粥一饭，当思来处不易；半丝半缕，恒念物力维艰”的观念对当今大学生依然具有价值导向作用。勤俭的品质可以促使大学生形成低碳生活的意识，在生活用水、用电等生活习惯上，能做到热衷环保，节水、节电、节粮。

二、优秀传统文化中的德育方法

德育发展的好坏关系到我国素质教育的好坏，关系到大学生道德素质发展的好坏。德育方法的科学性对高校德育工作的实效性具有重大影响。我国优秀传统文化中蕴含着丰富的德育方法与经典德育案例，对我国构建科学德育方法理论体系有着重要的启发和借鉴意义。

（一）因材施教

“因材施教”是大学生道德教育中一项非常重要的教学方法，旨在根据不同学生的认知水平、学习能力、自身素质进行适合每位学生特点的教学，扬长避短，树立学生信心，从而促进学生的个体发展。

将“因材施教”的方法运用在德育实践中，就是以人为本。教育者只有树立人的观念才能使教学更具有生机，这也是对当下教学中“异化”人现象的有力回击，是因材施教教育理念的基石。

在高校德育实践中推行“因材施教”是对经典的传承。因材施教是教育中永恒的话题，在千百年的传承中经久不衰，孔子、孟子、朱熹等人都倡导“因材施教”。在德育实践中也涌现了许多“因材施教”的现实案例，这对后来的教育者具有重大借鉴意义。社会的进步使人得到重视，尊重人的个性，鼓励人们朝多元化发展，这也推动了因材施教的教育方法在德育中不断发展，与时俱进。

（二）循序渐进

循序渐进出自宋代朱熹对《论语·宪问》中“不怨天，不尤人，下学而上达，知我者其天乎”的集注：“但知下学而自然上达，此但自言其反己自修，循序渐进耳。”循序渐进是教学中的黄金法则，是我国教育史上德育的经典方法。

朱熹对于循序渐进教育法的推行是有很大影响力的，他指出：“读书之法，在循序渐进，在熟读而精思。”他对于循序渐进的实施也有很深的见解，认为应该“先传以小者近者，而后教以远者大者”“下学上达，循循有序”。

教育者在教学活动中应该由近至远、由易到难、由浅到深。将此运用在高校德育实践中便是将德育工作看成是一个持续的过程，认识到德育对象的道德品质发展也是一个持续的过程，大学生的道德意识、道德知识、道德规范、道德养成是一个阶段性的渐进过程。我国实际德育实践中常常出现“德育倒挂”现象，这便是忽视了学生道德认知能力发展的阶段性，而我国传统文化中“循序渐进”的德育方法可以为解决德育倒挂问题提供借鉴。

（三）知行合一

知行合一是知与行的统一，知是指人的意识、知识，行是指人的实践。中国古代哲学家认为只有“知”与“行”统一，才能称得“上善”，而在我国高校德育实践中，知行合一正是德育工作者想要最终达到的教育效果。

大学生在校期间，由于知识和阅历都很有限，自我判断力弱，加上社会上的负面新闻、西方的腐朽思想以及个别公众人物的不良言行，他们在成长中容易遇到困境，这就要求我国德育工作者加强对学生的“知行合一”教育。

“知”在高校德育中体现在“德知”，是学生对道德品格的掌握；“行”体现在“德行”，是学生遵循道德认知后的道德实践。我国德育存在灌输教育和“形式主义”的问题，这降低了德育的实效性，而“知行合一”的思想可以将教育对象的认知和行为相统一。如果仅仅掌握“德知”而缺乏在实践中对其加以有效的运用，那么大学生在进入社会后难免会在“德行”上出现问题，影响其个人发展，同时也会影响到中国特色社会主义事业的建设。可见高校力行“知行合一”是我国高校德育研究的迫切要求。

（四）反求诸己

孟子曰：“爱人不亲，反其仁；治人不治，反其智；礼人不答，反其敬。行有不得者，皆反求诸己。其身正而天下归之。《诗》云：‘永言配命，自求多福。’”意思就是爱别人，别人却不亲近自己，就要检讨自己仁爱的程度；管理别人却管理不好，就要检讨自己明智的程度；以礼待人，别人却不加理睬，就要检讨自己恭敬的程度。行为得不到预期的效果，都要反过来在自己身上找原因。自身端正了，天下的人就会来归附。《诗经》上说“长久地配合天命，为自己寻找更多的幸福”。

从中可以看出，“行有不得，反求诸己”的含义为事情做不成功，遇到了挫折和困难，就要自我反省，一切从自身找原因。没有很好地认识自己，就难以很好地改正，难以形成良好的品德。这是德育中自我教育的重要法则。

反求诸己的德育方法在现代高校德育中的价值在于以下几个方面。首先，有助于大学生正确认识自我道德水平。教育者与教育环境对大学生德育工作来说都是外因，外因要发挥作用必须通过内因起作用，大学生只有通过“反求诸己”的方法提高自我认知能力，时常自检，才能增加发现问题的概率，并加大自我分析的能动性，准确掌握自己的道德水平。其次，有助于大学生更好地进行道德实践。社会道德需求需要通过道德实践将大学生的道德品质表现出来，同时大学生的道德品质也会在这样的过程中稳定发展起来。要引导大学生运用“反求诸己”的思维方式，让大学生能动地去发现自身道德水平与社会道德要求之间的差距，以更好地促进道德实践。

三、优秀传统文化的德育价值开发原则

（一）继承性与创新性原则

我国优秀传统文化是我国各民族在长期社会生活中形成的，包含了一系列文化观念、社会规范，且由于上千年的历史沉淀，其具有了强烈的继承性和鲜明的民族性。强烈的继承性不会随着社会形态的改变而彻底改变，应将此继承性运用到我国高校德育实践中，在塑造符合社会道德要求的优秀大学生时，大量地汲取我国传统文化中的优秀成果，为高校德育工作注入强大生命力。

文化创新不仅是传统文化适应新社会的硬性需求，还是继承传统文化的一种表现，主要体现在用老办法去改善新的困惑。每当社会道德出现问题，人们总会追溯中国传统道德理念，从经典中汲取质朴的精神资源。创新是我国优秀传统文化不断进步的要素，在推进全国道德文化的发展中起到了巨大作用。

（二）多样性与前瞻性原则

我国是多民族国家，我国的优秀传统文化由多民族共同创造，多样性源于其兼容并蓄，面对外来文化的冲突不断地融合、吸收。历史上，我国民族文化吸收了佛教、印度教、基督教等许多他国文化成分，具有海纳百川，地承万物的气魄，为我国的发展强大和人类文明的进步做出了重大贡献。

前瞻性原则主要体现在优秀传统文化的丰富内涵对实现中华民族伟大复兴的指导意义上。首先，大一统与爱国主义精神是所有炎黄子孙推崇的民族大义，有利于唤醒国民的爱国热情，也是国民的精神支柱。其次，理想人格的追求是国民的精神基因，有利于指导价值观，培养其高尚的品格。最后，中国传统文化一向以和为贵，有利于我国与他国建立良好往来关系，为世界的和平与发展做出贡献。

（三）导向性与实践性原则

在我国高校德育实践中，应该以马克思列宁主义、毛泽东思想和中国特色社会主义理论体系为指导，始终坚持辩证唯物主义与历史唯物主义相结合，围绕社会主义核心价值观，从我国传统文化中去粗取精、去伪存真，进行批判的继承。

我国优秀传统文化作为我国劳动人民长期实践的结果，对现代高校德育工作具有实践指导意义。在实践中，要坚持利用、保护、发扬为一体，努力维护我国的民族特色，完善高校德育体系，丰富高校德育课堂。

四、优秀传统文化与高校德育的逻辑关系

（一）目的的相近性

钱穆先生说：“中国文化之内倾，主要在从理想上创造人、完成人，要使人生符于理想，有意义、有价值、有道。这样的人，则必然要具有一人格，中国人谓之‘德性’。中国传统文化最看重这些有理想与德性的人。”[1]我们可以认为，优秀传统文化特别强调人自身道德品质的完善、个人行为的自律和规范，必然有利于社会的稳定和发展。这与大学德育工作的目的是一致的。

首先，优秀传统文化和大学德育工作均带有浓厚的道德色彩，因为我国

[1] 钱穆．中国文化精神 [M]. 北京：九州出版社，2017:117.

作为世界四大文明古国之一，古往今来一直是礼仪之邦，注重个人的道德修养，而大学德育工作的主要内容也是帮助大学生提升道德水平和修养，以便将来能按照道德原则为人处世。

其次，优秀传统文化和大学德育工作均具有爱国主义精神和忧患意识。优秀传统文化中普遍存在类似于“天下兴亡，匹夫有责”“先天下之忧而忧，后天下之乐而乐”的忧患意识，几千年来这种以天下为己任的爱国主义精神缔造了中华民族的繁荣昌盛，激励了一代又一代中华儿女。

再次，高度的责任意识和积极的进取精神。以天下为己任是中华民族沉淀下来的优良传统，这种责任意识和进取精神紧紧相连，成为优秀传统文化和大学德育工作的重要组成部分。无论是在关系民族危亡的艰难时期，还是在国家强盛的繁荣时期，中华民族均表现出了自强不息的精神境界。这种勇于担当、积极进取的精神对促进当代大学生成长成才有着非常重要的意义。

最后，优秀传统文化提倡齐心协力、勤奋合作，反对个人主义。重视人与社会、人与人之间的关系，这些对于调节大学生之间的关系、促进校园公平公正都是非常重要的。[❶]优秀传统文化作为民族精神之魂，在大学德育工作中占据十分重要的地位，从本质特征看，其属于道德文化。因此，优秀传统文化的内在价值与大学德育工作的目标是一致的。

（二）方法的互通性

在研究方法上，高校开展德育工作的方法和中华优秀传统文化的内容具有很强的互通性。在我国古代，道德教化的方式和途径是十分多样化的。

首先，在国家层面上，统治阶层会对民众进行正统思想的宣传教育。中国历朝历代都有总结典籍经书的习惯，并从中提取有利于维护自身统治的伦理道德规范，在民众间进行推广普及。除此以外，中国历代的统治者也都十分重视教育，有开设“学校”的传统，此举一来可以选拔人才，二来可以增强对各层级的思想控制和道德教化。董仲舒说：“养士之大者，莫大乎太学。太学者，贤士之所关也，教化之本原也。”

其次，将道德伦理与日常的娱乐活动相结合，以一种“寓教于乐”的方式，在无形之中对民众的道德情操进行影响和熏陶。孔子所说的“兴于诗，立于礼，成于乐”正体现了“寓教于乐”这一特点。这种礼乐结合的方式正

❶ 刘晓春，孙媛媛．以传统文化为根基加强高校德育建设 [J]. 山东电大学报，2008(1):36-38.

是“将道德伦理与日常的娱乐活动相结合”的具体体现。

再次，士人的身体力行。正如圣人先哲所说的那样，“夫师以身为正仪，而贵自安者也”“其身正，不令而行；其身不正，虽令不从”。这些观点都表达了士人阶层应当作出表率，以身作则，为大众树立模范。

最后，通过个人自身完成道德修行。对此儒家学说提倡得最多，他们重视自我的学习和提高，重视知识和品德的积累培养，正如《论语》中所说的“学而不厌，诲人不倦”“百工居肆以成其事，君子学以致其道”“见贤思齐焉，见不贤而内省也”，孟子所说的“恻隐之心，仁之端也；羞恶之心，义之端也；辞让之心，礼之端也；是非之心，智之端也”，以及荀子所说的“不闻不若闻之，闻之不若见之，见之不若知之，知之不若行之。学至于行之而止矣”。

从上述的先贤笔下，我们不难看出在古代的德育中，自我修行是十分重要的，通过知识的积累和思考，还有对自我不断的深省，从而对自我人格不断提高和完善。通过对传统文化中道德教育的考察，不难发现高校的德育践行与其在方法上有很多的共通和借鉴之处。当前的高校德育所采用的方法某种程度上也可以说是传统文化中德育的某种传承与延续。通常情况下，最基础和常规的高校德育手段是言传身教式的，将道德理论较为直观地教授给学生，并晓之以理，动之以情，对学生加以引导促使其思考，从而达到德育的目的。或使学生投入实际的道德教育实践活动当中，在德育的环境中受到熏陶或启发，并且在实践中进行得到和成长，从而使自身的思想水平得到提高。

（三）资源的共享性

从中华传统文化的经典性、主导性和精英层面上解读，儒、释、道三大主流传统文化毫无疑问在历代的传承和发展中都对后世产生了深远的影响，并对民间社会层面、大众认知层面和日常生活层面产生了广泛的渗透。中华传统文化不是一种单一的、封闭的文化，而是由多种要素组成的文化；这些文化要素在中国这片古老的大地上相互撞击，相互影响，又相互渗透，从而形成了以儒、释、道为主体的多元文化格局；这种多元的格局也彰显了中华传统文化的开放性、兼容性以及再生性等特点。在这种文化格局中，儒家经典文化处于突出、权威的地位，是现代社会道德、德育的主要文化资源。例如，中华传统文化中的亲情教育体现了人性人道的至高境界，是珍贵的和值得赞美的人类之爱，是纯真道德和善良的体现。当然，中华传统文化中的道德教育及其对道德教育的重视不仅体现在以上方面，还体现在重视道德修养等很多方面。这些都体现了道德教育和中华传统文化无法割舍的内在联系和相互影响，更体现了古人提倡的“勿以恶小而为之，勿以善小而不为”道德教育哲理；道德教育如同润滑剂，使中华传统文化所涉及的各个方面在这里整合、诠释、传递，并内化在历代人们的思维模式和行为方式之中。而道德教育又使我们在传统的根基之中，在社会结构、社会关系和文化氛围中能真正地认识和认清自己的特色和发展模式，让我们在今天这样一个文化多元的时代有自我决断和自我驾驭的能力，有辨识、选择和适应的能力，让我们能看到一个有利于长远发展的社会秩序的建立和多元文化共处的社会发展环境。[1]此外，当前大学的德育工作应挖掘、利用传统文化积累下来的精华以影响学生、教育学生，如爱国、正义、礼貌、诚信、孝敬、奉公、天下为公等，这些都是极其适用和有效的教育材料，容易唤起大学生潜意识中的道德情感。

（四）属性的相容性

文化是伴随人类的产生而产生的，同时也是伴随人类的进步而发展的，它不仅是人类社会特有的现象，还是人类文明深层积淀的产物。在《周易》的“观乎人文，以化成天下”中我们看到文化的原意为“人文化成”。我国最早使用“文化”一词的刘向在书中写道：“圣人之治天下也，先文德而后武力。凡武之兴，为不服也；文化不改，然后加诛。”这里的“文化”一词也就是文治教化的思想。在西方，“文化”拉丁文的意思是耕作土地，后来被引申为培养人的精神、兴趣和智能，西方的“文化”一词中也含有教化的功能。人类学之父泰勒在其书中概括文化：“文化，或文明，就其广泛的民族学意义来说，是包括全部的知识、信仰、艺术、道德、法律、风俗以及作为社会成员的人所掌握和接受的任何其他的才能和习惯的复合体。”因为文化所包含的内容十分丰富，所以东西方的学者目前还没有一个统一的定义。通常来说，文化的广义含义就是人化，它反映出的是历史发展过程中人类的精神和物质力量所达到的方式和程度。狭义的文化指政治思想、艺术、道德、宗教、哲学等意识形态所构成的观念体系。恩格斯说：“文化上的每一个进步，都是迈向自由的一步。”[2]从这里可以看出，所有的文化活动都自觉或不

[1] 王崇 . 学校道德教育中传统文化功能研究 [D]. 新乡：河南师范大学 ,2012:27-29.

[2] [美] 柯尔伯格. 道德教育的哲学 [M]. 魏贤超，柯森，译 . 杭州：浙江教育出版社，2000:56.

自觉地指向一定的道德价值。文化在“化人”的过程中隐性地执行着德育的功能，它其实与德育的目标、方法等是一致的。德育从根本上来说与文化有着天然的联系，同样也是文化的产物。一方面，文化离不开德育这一内核；另一方面，文化又是德育的母体，德育则是文化的重要组成部分。所以，在德育中也会保留着文化的印迹。我们从德育的内容来看，德育对学生进行的政治教育、思想教育、道德教育和心理健康教育等均不能离开对文化的继承和创新，德育的目标本质上是要塑造属于特定文化群体和文化环境的“文化人”。可见，德育也是具有内在的文化属性的，对文化发展产生了积极的促进作用。如果在文化的视野中思考德育，那么就应该实现德育实效性和文化先进性的双重建构。德育可以凭借自身的独特优势承担起变革文化的职责和使命。

综上所述，我国有着丰富的传统文化精粹，将这些优秀的精神资源融入高校的德育建设中，不仅能在无形之中对学生进行了德育教育，还能促进优秀传统文化的传承和弘扬。无论是对于个体还是国家，其中的意义都尤为重大。

第五节　优秀传统文化融入高校德育的策略

一、明晰传统文化融入高校德育工作的基本原则

（一）立德树人，全面融入

通过将传统文化融入高校德育工作，笔者认为，“融入的过程”就是引领当代大学生确立他们的核心价值观的过程，也必须遵循价值引领这一原则。将传统文化融入高校德育工作，不是要另起炉灶，推翻以前高校德育工作已有的成果，而是兼容并蓄，将社会主义核心价值体系作为当代大学生的精神核心，将传统文化这一丰厚的历史遗产融入高校德育工作中，教育和引领大学生进一步坚定理想信念，凝聚社会主义核心价值，增强民族自豪感，巩固他们的精神支柱，形成共同为社会主义事业做贡献的理想信念，进一步完善当代大学生正确的人生观、价值观。同时，要注意处理好传统文化在融入过程中与社会主义核心价值体系之间的关系，坚持继承与创新相结合，坚持有目的、有规律的结合，以社会主义核心价值体系为核心，以传统文化为

主体，对高校德育工作进行整合与创新。

在将传统文化融入高校德育工作的过程中，最重要的是要以社会主义核心价值体系为指导，全面改进和创新高校德育工作，努力推动高校德育教育工作的实践创新，既要在具体的实践活动中落实社会主义核心价值体系的基本要求，又要以实践活动将传统文化的文化因子融入高校德育工作中，同时还要以实践活动为载体，不断用传统文化的内容来丰富社会主义核心价值体系的基本内容。对当代大学生而言，要提升传统文化对他们价值观的有效引领，就必须加快传统文化融入高校德育工作的速度，增强其对当代大学生价值观的整合力，这个整合工作必须结合高校德育工作的实践要求。也就是说，通过融入传统文化而整合形成的大学生价值观，既能符合大学生的基本需求，又能发挥其实际的引导作用。

在新时代下，高校德育工作应以习近平新时代中国特色社会主义思想为指导，坚持人类教育的取向，强调中心工作，创新德育工作理念，提高工作效率，加强组织建设的大学生思想政治教育，努力培养社会主义事业的合格建设者和可靠接班人。要将传统文化融入高校德育工作，不断提高德育教育工作的针对性、实效性，积极探索高校德育工作的新途径，开创高校德育工作的新局面。“融入过程”的价值观整合引领也正是新时代高校德育工作实现创新发展的动力源泉。

首先，“融入过程”的价值观整合引领是高校德育工作坚持正确政治方向的具体表现。传统文化融入高校德育工作，在其融入过程中必将高举中国特色社会主义伟大旗帜，把培养中国特色社会主义事业的建设者和接班人作为根本任务，不断提高大学生的政治素质和文化修养。

其次，“融入过程”的价值观整合引领是高校德育工作内容不断丰富的体现。将传统文化这一宝贵历史、文化财富融入高校德育工作，在引领高校德育工作创新发展的同时，也把社会主义核心价值体系作为一个内涵丰富、逻辑严谨、意蕴深厚的有机整体，丰富了新时代高校德育工作的内容体系，使新时代高校德育工作具有鲜明的时代性、针对性和实效性。

最后，“融入过程”的价值观整合引领是高校德育工作途径不断创新拓展的重要体现，将传统文化融入贯穿到高校德育工作的各个方面，就是要不断拓展高校德育工作的途径、方法，以此来提高对当代大学生进行德育教育工作的效果，科学地将中国优秀传统文化融入高校德育工作的各个环节，从而形成理论与实践相统一的局面：将传统文化融入大学生成长的各个方面，从而形成高校德育工作的良好氛围，进而从整体上引领大学生价值观的正确形成。

（二）继承精华，批判融入

我国有着悠久的历史文化，传统文化在历史的长河中不断积累、发展、流传到今日，并且将随着社会的变革发展一直传承下去，将我们与过去、现在、未来连接在一起。

传统文化内涵丰富、外延宽泛，在将其融入高校德育工作时，我们要进行有选择性、批判性的继承与融入，要取其精华，去其糟粕，将传统文化中精华的部分融入高校德育工作中去，而不是进行一个笼统的、囊括性的融入。

将传统文化融入高校德育工作是一个复杂的系统工程，在此过程中，应在社会主义核心价值体系的视野下，用融入实践活动来检验传统文化。要将传统文化批判地融入高校德育工作，我们要做到以下三点。

第一，发掘传统文化的家国情怀，提升当代大学生政治素养，增强国家民族的认同感和自豪感；第二，发掘传统文化的道德理想，完善大学生道德修养，培育理想人格；第三，发掘传统文化的人文精神，丰富大学生人文素养、增强他们的创新意识。

（三）以文化人，渐进融入

高校德育工作不仅外延宽泛，还会随着时代的变迁不断深化和变革。所以，将传统文化融入高校德育工作的过程是一个长期的系统工程，面对新时代的大学生群体，在进行融入工作时也要把握好渐进融入的原则，主要包括以下几个方面。

1. 针对性

将传统文化融入高校德育工作的一个重要条件就是必须有针对性地研究接受对象的群体，有的放矢地融入与引导，这样，才能在融入过程中有力地增强传统文化的感召力与高校德育工作的凝聚力，把科学的理论转化为自觉的意识与行为。

2. 自主性

时代在发展，社会在进步，时代的变革大大促进了人们进行自主选择的能力与范围。在这一时代背景下，高校德育工作者应该考虑如何用传统文化来教育和引导当代大学生，树立正确的世界观、人生观和价值观，从而使他们在信念、理想等方面的自主选择上既具有充分的选择空间，又不会与社会主义核心价值体系发生背离，在复杂的社会背景下形成有利于提高德育工作质量、增强德育教育功能的强大力量。显然，这是将传统文化融入高校德育工作时必须高度重视的问题。

3. 发展性

事物总是变化发展的，当代大学生思想活跃，容易受到新生事物的影响，他们的思想观念也从来没有停止变化。所以，在将传统文化融入高校德育工作的过程中，高校德育工作者必须深入研究当代大学生思维变化的发展规律，把握不同时间、不同地点、不同事件的思想观念和教育方法，用社会主义核心价值体系与传统文化的文化因子引导他们，不断与时俱进。否则，即便是将传统文化融入了高校德育工作，其效果也会因为没能认清当代大学生思想认识的变化而受到影响，起不到德育工作育人的目的。

4. 以人为本

以往的传统德育工作中，由于受到“官本位”思想的影响，高校德育工作者往往以管理者的身份自居，与大学生的关系也异化成管理者与被管理者的关系，这使以往的高校德育工作僵硬、死板、难以开展。所以，在将传统文化融入高校德育工作的过程中，一定要坚持以人为本这一原则，要尊重人，还要最大限度地调动高校德育工作者与大学生的主观能动性，让人的潜力在社会主义核心价值体系和传统文化的感召下得到充分发挥，以大学生全面发展为主要目标，真正做到尊重人、理解人和关心人。要强调正面教育为主的原则，深入进行素质教育，加强大学生对德育工作的理解和对传统文化的学习，从而促进大学生思想道德素质、科学文化素质、人文素质协调发展，引导大学生勤于学习、善于创造、甘于奉献，成为有理想、有道德、有文化、有纪律的合格的社会主义事业接班人。

（四）广拓渠道，立体融入

中华文化积淀着中华民族最深沉的精神追求，是中华民族生生不息、发展壮大的丰厚滋养；传统文化是中华民族的突出优势，是我国文化软实力的体现。要将传统文化融入高校德育工作，我们应广拓渠道，打造立体式融入平台，而不应该仅仅将融入工作局限于大学校园范围内，要积极动员全社会力量，具体我们可以采取以下措施。

1. 营造传统文化氛围

政府、学校、社区、家庭要相互协作，营造重视传统文化的社会风气和良好氛围，形成开展传统文化教育、弘扬传统文化的合力，通过多种渠道、多种途径，积极将传统文化融入高校德育工作，同时在全社会范围内形成继承、学习、弘扬、和创新传统文化的优良风气，让大学生在浓厚的优秀传统文化氛围中自觉形成正确的世界观、人生观和价值观。

2. 发挥各种媒体的作用

要充分发挥大众传媒在传统文化教育中的引导、宣传和教育作用，尤其是要充分运用“移动互联网的实时传递功能”，建立相关的技术平台，加强交流与资源共享，以此来达到宣传目标与效果。

3. 整合各种社会资源

利用博物馆、纪念馆、美术馆、音乐厅、剧院、电影院、书画摄影展、民俗村、故居旧址、具有历史文化风貌的街区、名胜古迹、文化遗产等，建设一批传统文化教育教学和实践基地，组织学生进行实地考察，实地开展传统文化教学，集中进行历史文化教育。❶

4. 建立立体融入性平台

坚持高校德育课堂教育与社会实践体验相结合。既要发挥课堂教学的主平台作用，又要注重发挥课外活动和社会实践的平台作用，这样能根据不同层次学生的特点发挥针对性教育的作用。要区分层次，突出重点，加强整体衔接，在发挥学校德育教育作用的同时，也要加强与家庭、社会之间的联系，从而形成教育合力，形成立体性融入平台，推动传统文化融入高校德育工作的进程。

二、拓展传统文化融入高校德育工作的途径载体

将传统文化融入高校德育工作，途径和载体是“融入”的桥梁和平台，是能否进行实践的关键环节。当下，我们有必要积极创新传统德育教育途径

❶ 陈志军，浦解明，左益，等．社会主义核心价值体系融入大学生思想政治教育全过程研究[M]. 北京：光明日报出版社，2009:170-171.

和载体，拓展新渠道，使传统文化融入高校德育工作的各个方面，切实增强高校德育工作的针对性、实效性。

（一）推动优秀传统文化融入高校德育课堂教学

把传统文化融入高校德育工作过程的现实途径就是让传统文化进教材和进课堂，最终的目的是进入大学生的头脑，让学生从历史的厚度、文化的底蕴、理性的高度来坚定理想。因此，必须在学科建设和课堂建设、教材编写上下功夫，同时不能忽视优化德育工作方法和理念，以便进一步做出卓有成效的建设。

1. 课程改革、学科建设与传统文化融入高校德育工作紧密相连、相辅相成

第一，必须加强传统文化课程体系的学科建设。学科建设是加强和改进高校德育工作的基础，要从学科建设开始，全面推进传统文化课程建设，加快其融入高校德育工作，尤其是进教材、进课堂工作的步伐，把它作为一个重要的社会科学学科来看待，这样才能提高德育工作的自觉性和主动性，同时增强传统文化融入高校德育工作的针对性和实效性。

第二，要强化传统文化融入高校德育工作课程体系的改革。要有效地将传统文化融入高校德育工作，就必须进一步探索和研究以传统文化为中心内容的课程体系的设置、衔接和分工合作的问题，形成一主多辅，优势互补的传统文化课程体系。

2. 传统文化进教材是推进其融入高校德育工作的先决条件和基础条件

只有编写出高质量的教材，才能为高校德育工作者提供理论依据和参考资料，才能有据可查。目前，把传统文化作为主要内容编写入教材还处于起步阶段，数量还比较少，还没有形成一个完整的体系。面对如何融入这一关键问题，应当从速组织专家学者进行论证和探讨，并着手编写教材，以便提升传统文化融入高校德育工作的效率。

3. 传统文化融入高校德育工作的方法是有效进行德育工作改革的关键问题

在具体实践中，高校德育工作者必须将理论与实际相结合，把理论联系实际上升到方法论的高度。在具体实践中，要将传统文化和社会主义核心价

值体系相结合，联系当前德育工作的具体情况，联系马克思主义有关意识形态的理论和优秀传统文化的内容，做好融入工作。

4. 将传统文化融入校园文化中

大学校园文化是学校全面发展的基础条件，也是实现高校腾飞的平台和基点。它不仅是一个积累的过程，还是一个需要高校管理者寻求主动建设和积极营造的过程。所以，要积极探索与尝试传统文化有效融入校园文化建设的途径与方法，使校园文化在社会主义核心价值体系与传统文化的指导下成为高校德育工作的新途径与有效载体。要将传统文化融入校园文化，应做到以下几点。

（1）认真规划，建设支持。当代大学校园文化建设的过程是一个随着社会进步和时代发展不断变化的过程。在这一过程中，高校的管理者应遵循教育发展的规律，坚持规划先行、建设支持的发展策略。找准校园文化的定位，融入传统文化因子，建立健全校园文化建设制度和监控机制，确保可持续发展战略在传统文化融入高校德育工作的过程中得到贯彻落实，确保有中华传统文化融入的校园文化建设具有科学性、权威性、前瞻性和指导性。

（2）继承传统，创新融合。高校在传统文化融入校园文化建设的规划中应注意继承传统、创新融合的策略。一方面，高校要树立保护意识，注意传承学校历史与文化传统；另一方面，与继承传统相联系的是校园文化建设的创新性。既然要将传统文化融入高校校园文化，其建设就必须体现学校的历史厚重感，也要凸显在新时代背景下高校校园文化建设的创新特性，积极探索和实践具有前瞻性的校园文化建设项目。这就要求高校在进行本校校园文化规划建设时要处理好继承与创新之间的关系，处理好新旧历史、新旧文化、新旧校区、新旧建筑、新旧风格之间的融合问题，体现出将传统文化融入大学校园文化的创新之处。

（3）现实规划、前瞻布局。笔者通过调研发现，现在我国高校在建设校园文化时都面临着如何处理现实需要与长远发展之间的矛盾。校园文化的建设规划既不能过分超前，又不能不满足现实需求。为此，高校的校园文化建设应该重视可持续发展原则，处理好现实规划建设的同时也要为长远的发展进行前瞻性布局。这也是传统文化融入高校德育工作和校园文化必须考虑清楚的问题，要使两者统一衔接，提升效率。

（二）推动传统文化融入大学生社会实践

大学生社会实践具有特殊的功能和价值，已经成为大学人才培养的重要途径。把传统文化有机地融入和贯穿其中是提高和保障大学生社会实践实效性的必然选择。社会主义核心价值体系是当代大学生应有的思想道德素质，而传统文化能为当代大学生提供人文素养方面的补充。而且，通过社会实践这一重要途径，传统文化融入高校德育工作能起到事半功倍的效果。大学生通过社会实践能够更加直观地了解和内化高校德育工作的内涵，真正树立正确的人生观、价值观和世界观。[1]高校德育工作者应当从社会发展的战略高度深刻认识，将传统文化融入高校德育工作和大学生社会实践的现实意义，并使之在高校德育工作中获得应有的重视。我们还需要根据大学生社会实践的特点与要求，积极探索和不断完善传统文化融入高校德育工作以及大学生社会实践的内容与形式、方法与途径，从而逐步形成一套富有中国大学特色的长效机制。

将传统文化融入大学生社会实践要从一个新的视角来看待高校大学生的社会实践。要把传统文化融入大学生社会实践，不仅要明晰大学生社会实践系统规划的基本要素，加强系统规划，还要提出具体的具有一定操作性的方法路径，使传统文化融入大学生社会实践落到实处。还需要加强对大学生社会实践的管理与指导，打造出一个无缝衔接的融入体系。

1. 要确保大学生社会实践的有序性、可控性

当代大学生由于思想还未真正成熟，价值观存在盲点，在实践活动中难免会出现一定的偏差和错误，因此，在进行大学生社会实践时要确保有序性和可控性，用传统文化教育去引导他们正确认识和处理个人与社会的关系，使他们在实践活动中得到反思和收获。

2. 要推行大学生社会实践的依托结构

这个结构可以由团队、导师和项目组成，引导学生根据专业需要自由组织团队，为其提供社会实践的人力资源；邀请专业指导教师为学生社会实践提供智力支持和指导。专业教师理论功底深厚、专业基础扎实，在指导学生社会实践、接触社会和传统文化融入社会实践方面具有较为明显的优势。

---

[1] 陈振明 . 公共管理学 [M]. 北京：中国人民大学出版社，2005:77-82.

3. 规范管理制度，坚持政策导向

传统文化融入大学生社会实践活动是一项系统工程，它需要全体教育工作者的努力，所以要制定切实可行的政策和长远的规划以促进大学生社会实践的发展，将传统文化与社会实践活动融合起来，将融入工作贯穿实践活动的全过程，提升融入工作的效果。同时，还要制定科学的社会实践管理制度，抓好组织领导，建立相应的管理机构，为实践活动提供必要的技术支持与物质保障；抓好组织联动，在活动过程中建立联动制度，实现步调一致、结构优化、功能互补的局面。在传统文化融入大学生社会实践的过程中，学校还要注意抓好监督检查，做好考核评价等工作，确保实践工作和融入工作能够同步进行。

（三）推动传统文化融入高校网络文化

中共中央、国务院在《关于进一步加强和改进大学生思想政治教育的意见》中明确指出："校园文化具有重要的育人功能，要建设体现社会主义特点、时代特征和学习特色的校园文化，形成优良的校风、教风和学风。"迅猛发展的互联网创建了一个全新的网络环境，与之相适应，网络文化业已成为大学生日常生活的重要部分。大学网络精神、大学网络文化环境和大学网络文化活动是传统文化融入高校德育工作的三个基本要素，建设和谐健康的大学网络文化则是传统文化融入高校德育工作、融入大学网络文化的最终目标。将传统文化融入大学网络文化应做到以下几点。

1. 培育具有时代特征的大学网络精神

大学网络精神的培育需要在传统文化和学校办学理念的指导下进行。一所学校特有的网络精神既应是该校在新时代网络环境下生存与发展思想的高度概括，又要体现出德育工作育人的目的，这既是对学校办学传统的继承，又是适应信息时代的需要。

2. 创造富有文化特色的校园网络文化环境

对于高校而言，建设具有育人功能的环境是永不停止的重任。要做到这一点，首先要做好校园网络文化环境建设的整体规划，需要学校领导和全体师生共同建设，将之放在学校建设的总体框架内，统一风格，充分体现出学校的办学特色与文化底蕴，使校园物质环境和网络文化环境相互协调，达到影响人、教育人的目的。同时要充分利用大好时机，创建传统文化融入高校德育工作的网络文化环境建设的品牌。这是立足学校实际、创造和融合时代特色的有效途径，也将成为影响校园网络文化建设环境的重要因素，也是将传统文化很好地融入校园网络文化环境的关键因素。

3. 开展丰富多彩的大学网络文化活动

丰富多彩的大学网络文化活动有助于形成良好的网络文化环境，活跃校园文化氛围，是传统文化融入高校德育工作和实现信息时代校园文化持续建设、健康发展的重要载体。高校德育工作者可以利用校园网络平台，开展关于传统文化的系列活动，大兴学习之风，广泛开展课外文化活动，让大学生主动去学习传统文化，形成学术争鸣、坚持真理、勇于创新的新风尚，这样能很好地将传统文化融入大学网络文化建设，满足大学生多层次的精神文化需求。

三、打造传统文化融入高校德育工作的骨干队伍

将传统文化融入高校德育工作的过程根本要靠人。能否建设一支高素质的专业德育教师队伍是这项工作能否成功的关键因素。国学大师、专业理论教师、学生工作人员、辅导员构成了“融入”的主要力量，而且我们要在抓好队伍建设的同时加大投入，搭建平台，确保融入工作落到实处。

（一）优化队伍结构，奠定“融入”基础

传统文化融入高校德育工作的过程说到底就是一种价值教育创新升级的过程。这个过程要靠高校德育教师和工作人员一起努力才能完成，首先需要把他们培养成传统文化的认同者、追随者，然后才能让他们成为实施者和传播者。所以，我们有必要通过对他们进行一定程度的培训来达到优化队伍结构、奠定融入工作基础的目的。要优化队伍结构，我们可以通过选拔建设不同年龄、不同职称、不同专业学历的教师队伍来实现，可以挑选 30~45 岁阶段、具有副高或以上职称的教师或工作人员来进行专门的培训，以此达到优化队伍结构的目的。

在现阶段，高校德育工作者的能力素质参差不齐，很多德育教师及工作人员的思维方式还停留在加强政治思想教育、突出政治性这一阶段，没有很好地适应新形势，尤其是在网络科技迅猛发展的当下，德育工作也需要与时俱进。所以，在进行人员培训时，各高校也需要对德育教师和德育工作人员

加以遴选。首先，要从思想上对他们进行理论教育与信念影响，通过对他们进行全员制的岗位轮训全面夯实他们的知识基础，将基本的传统文化理论和社会主义核心价值体系理论结合起来，贯穿到对他们的培训中去，提升他们的文化修养和专业素质，使他们在具体工作中能更好地阐述传统文化融入高校德育工作的意义与效果；其次，要运用文化的力量，加深他们自身对传统文化融入高校德育工作意义的认识，以此来坚定融入工作的信念；最后，还需要从岗位基础、工作实务、经验实践等维度进行综合考评，以便加深他们的印象，提升能力，优化结构。

（二）增强队伍素质，提升“融入”能力

对高校德育工作者进行全员培训还只是传统文化融入高校德育工作的基础。“从道德信念的角度，加强和改进道德教育”。要通过让高校德育工作者进行具体的工作实践，来加强他们对融入工作最直观的感受，只有切身体会过，他们内心工作的热情才能真正被激发，从而形成强烈的价值认同。可以面向全体高校德育工作者开展“传统文化情感体验计划”，让每位工作人员在工作期间至少读一本国学名著、拜访一名国学大师、考察一次中华传统文化传播前沿的实况、接触一位对传统文化感兴趣的学生，然后与大家交流分享自己的心得体会和直观感受，通过切身体会和直观了解，深化对中华优秀传统文化的认同感和归属感，自觉加强对传统文化融入高校德育工作的力度，以实现价值传递。传统文化融入高校德育工作的过程要充分考虑到当代大学生的性格特点，高校德育教师和工作人员可以根据不同年龄阶段学生的特点，对融入工作进行有针对性的补充，可以以院系为单位，组织学生开展专项研究与学习讨论，这也可以为融入工作提供一定的客观依据。

（三）凝聚队伍合力，打造“融入”平台

将传统文化融入高校德育工作，不是把抽象、枯燥的传统文化冷冰冰地对学生进行说教，把空洞的理论规范强加给学生，而是要让学生产生精神感染、心灵撞击和情感共鸣。所以，大学要打造适合传统文化融入高校德育工作的平台，积极为融入工作服务。

1. 依托项目平台和导师平台，提升融入能力

第一，可以建立重大应用性课题介入平台，让高校德育教师和工作人员运用他们的理论知识和实践能力，围绕如何将传统文化融入高校德育工作这

一命题，将接受机制、融入方式和载体途径等关键问题纳入项目平台中，并在这一过程中反复思考、反复实践、探究问题、寻找答案。只有大学教师做好以文化人、立德树人，才能充分发挥人才优势，这对高校的人才培养具有重要的意义。

第二，搭建导师组教育平台，可以选拔优秀的德育教师、工作人员攻读古典文学专业、古汉语专业的硕士或博士学位，聘请在国内具有影响力的国学学者，组成讲师团，为他们进行授课，以启迪心灵、感悟真谛。

2. 围绕高校德育工作的特点，建立制度保障平台

通过对传统文化融入高校德育工作的制度设计、典型案例分析、业务绩效考核三个方面，提升德育教师和工作人员的业务水平。定期走访学生，拉近师生距离，为融入工作提供前提保障。此外，要定期举办德育教师、工作人员的交流论坛，提升他们解决工作中出现问题的能力。多措并举，为传统文化顺利融入大学德育工作提供良好的工作平台。

四、构建传统文化融入高校德育工作的保障机制

传统文化融入高校德育工作是一个复杂而系统的工程，涉及文化要素、制度要素以及要素之间的关联等各个方面，必须要为其建立起一定的保障机制，使融入工作能够顺利进行。

（一）加强组织领导

加强传统文化融入高校德育工作的领导组织，成立一个专门的领导组织机构有利于协调融入工作的各项事宜。组织协调过程其实就是融入工作积极互动发展的过程，可以将教育者和受教育者的思想、心理和行为状态，以及与其他融入要素之间的关系进行组织协调，各个要素之间相互联系，相互作用，同向发挥功能，这样能为传统文化融入高校德育工作提供良好的氛围与条件。

当代大学生对传统文化融入高校德育工作的认知是一个逐渐由陌生到熟悉再到内化的过程，在任何一个融入环节都可能出现各种各样的问题，进而引起矛盾冲突，影响融入工作的进行。因此，建立健全融入工作的组织领导工作对保证传统文化融入高校德育工作的顺利进行有着重大的现实意义。高校应建立专门的领导小组或办公室，由校领导牵头，组织协调各部门配合工作，解决问题，分化矛盾，保障各环节相互衔接，以提高融入工作的实效性。同时，领导小组或办公室还可以对外部环境进行整合提升，为融入工作

创造良好的外部条件。

（二）健全激励机制

有科学研究指出，一个人的主观能动性和积极性源自自身的需要。我们也要利用这一原理，通过制定科学的激励机制，“增强教育政策的合理性和合理化”，来充分调动德育工作主客双方的积极性。将激励机制引用到传统文化融入高校德育工作的全过程能使当代大学生比较容易地接受这一工作，提升他们的积极性和创造性，提升他们学习传统文化的自觉性，能够最大限度地激发他们的潜能，增强他们对传统文化的认同感和归属感，提升高校德育工作的实效性。

当前，在高校中实施传统文化融入高校德育工作是一项十分艰巨而复杂的任务，面对新形势下的实际情况，大学需要建立一套“融入”工作产生有效工作激励的制度，不断创新融入内容、形式和途径。要建立这种激励机制，我们可以通过建立相关的政策制度和考核标准来进行，对在融入工作中表现突出、成绩可观的单位进行一定的物质奖励和精神奖励，还可以对优秀的典型进行大力宣传和表彰，树立起一个榜样。学校也可以制定相关政策，为传统文化融入高校德育工作提供正确的政策支持，把思想引导与物质利益、精神利益等有机结合起来，形成有利于传统文化融入高校德育工作的制度和氛围，加快融入工作的整体推进。

（三）完善绩效评价机制

传统文化融入高校德育工作的过程需要建立和完善绩效评价机制，它作为对融入工作过程进行管理的一个重要环节，既是传统文化融入大学德育工作的连接点，又是实现传统文化价值的连接点。

我们要创建绩效评估的操作平台，包括舆论环境平台、领导管理平台、条件规范平台三个方面。

舆论环境平台建设的目的就是让每个人都认可、支持、参与到融入工作的绩效评估过程中来，充分认识到这项工作的意义和重要性，这也是顺利实现融入的重要支持手段。

建立领导管理平台，可以从组织评估专家队伍和完善融入规章制度两方面进行。专家队伍的建设是保障各项绩效评估工作顺利进行必要条件，可以由学校领导、著名学者等组成，他们都具有丰富的高等教育评估经验和专业判断能力，可以保证工作的顺利进行。

完善融入制度是进行绩效评估工作的核心，我们必须严格按照制度要求，完善和创新传统文化融入高校德育工作的方式、方法，不断深化教学内容改革和融入体系改革，加强管理的行为规范、工作规范等方面的内容。由于对传统文化融入高校德育工作进行绩效评估是一项系统工程，所以建立条件规范平台要健全人力保障、机制保障和物质保障等几个方面。建议学校可以划拨专门的办公场所，配备相关办公设施，建立网络绩效评估平台，实现信息化管理，并拨出专门的资金，专款专用。

总之，完善工作的绩效评估机制，既是一种有效的管理手段，又是一种更好地为传统文化融入高校德育工作服务的有效措施。

第四章 心理育人：心理健康教育与德育实践

第一节　心理育人的基本理论

一、心理育人的内涵

心理育人是提升高校思想政治工作质量的重要环节。要在高校思想政治工作中实施心理育人，就必须搞清楚何为心理育人，即心理育人的内涵究竟是什么。

广义上讲，凡通过运用心理学相关素材、仪器设备以及心理辅导、心理咨询等相关活动达到育人目的的活动均可称为心理育人。狭义上讲，心理育人是指育人者立足于人身心发展的实际，根据人身心发展的规律和特点，采用灵活多样的方式，有目的有计划地对受育者进行积极的心理引导，开发其潜能、完善其人格、提升其效能感、养成其积极心理品质，以达到培养新时代所要求的有理想、有能力、有担当的中国特色社会主义建设者和接班人之目的的教育实践活动。

心理育人是一种全过程进行、全员参与、全方位进行的育人活动。心理育人中的育人者既包括高校全体教职员工，也包括学生家长、亲朋好友、社会教育力量以及受育者本人，且受育者本人是更为重要的育人力量。心理育人，质言之即育人心理。当受育者养成积极的心理品质后，其自身就成为一种重要的育人力量，能够参与到自身的受育活动之中，而且这种自我的心理育人力量比其他任何一种育人力量发挥的作用都要大。但受育者的自育力量只有在高校专业的心理健康教育工作人员的指导下才能发挥最大的自育功效。而且，从总体上讲，在高校、家庭、社会及学生共同组成的“四位一体”的心理育人力量中，高校的心理育人起着主导性的作用。

从《高校思想政治工作质量提升工程实施纲要》“构建心理育人质量提升体系，着力培育师生理性平和、积极向上的健康心态，促进师生心理健康素质与思想道德素质、科学文化素质协调发展”的论述中，我们可以明显看到，心理育人过程中的受育者既包括高校教师，也包括大学生。但我们必须清楚，高校教师既是受育者，又是育人者。由于心理育人是一种以心育心、心灵塑造心灵的活动，所以要求作为育人者的高校教师必须具备健全的人格和积极的心理品质。如若作为育人者的教师自身还没有形成积极健全的人格和良好的心理品质，又怎么能够培养出具备健全人格和良好心理品质的中国特色社会主义建设者和接班人呢？为了能够更好地从事心理育人工作，高校教师需要作为受育者持续不断地接受专职心理健康教育工作者的指导，并自觉地进行持续的自我心理教育及心理调适，以形成理性平和、积极向上的健康心态，唯有如此，方能作为育人者发挥其心理育人之作用，从而达到以心育心、心灵塑造心灵的心理育人之目的。虽然《高校思想政治工作质量提升工程实施纲要》明确了高校教师也是心理育人过程中的受育者，但由于高校教师在心理育人过程中具有“育人者”与“受育者”双重身份，同时也是为了论述方便，在此将心理育人的受育者主要限定为高校学生。

心理育人体现的是积极心理学理念，它立足于育人、服从并服务于育人，面向的是全体学生，关注的是学生潜能的开发和个性的全面发展。当然，关注学生潜能的开发和学生的发展并不意味着在心理育人过程中可以忽视学生的心理困惑和心理问题。我们虽然依然会关注学生的心理困惑和问题，但不倾向于直接帮助学生解决问题。我们要做的是发掘学生的潜能，培养他们解决心理问题的能力。总之，我们要培养学生形成强大的心理免疫系统和心理引擎。学生一旦形成了强大的心理免疫系统和心理引擎，就会改变看待和体验世界的方式，突破各种限制，不断激发潜能，自觉地抵制各种错误思想和言行，并以积极健康的心态应对和解决所遭遇的心理问题以及其他各种问题。这既是心理育人的初衷，又是心理育人的目的。

二、心理育人的机制

（一）培养学生形成正确的认知观

高校在心理育人过程中应以社会主义核心价值观为依据，根据大学生认知发展的特点，采取灵活多样的方式，让大学生了解中华民族的文明发展史和国家的奋斗富强史，形成对国家和民族的正确认知和认同；让大学生了解我国改革开放40余年所取得的巨大成就、中国对世界经济发展的贡献和中国在纷繁复杂的国际形势中所扮演的维护世界和平发展的重要角色，进一步使学生形成有关中国与世界关系的正确认知；让大学生通过对国内国外发展形势以及我国改革开放前后经济社会发展的对比，形成对多元化价值文化体系的正确认知和评判，并能清晰地认识到社会主义核心价值观是全体中华儿女都必须遵循的，因为它体现的是我国社会主义核心价值体系的核心，同时也是我国经济社会和谐稳定、持续健康发展，实现自由平等、公平正义，建立社会主义新型人际关系，实现中华民族伟大复兴的重要保证。

（二）培养学生形成积极的情感

正确的认知观形成之后，学生就能够辩证地、科学地看待和认识周围的一切，对国内外形势有一个正确的认知和判断，也能够正确看待我国改革开放进程中取得的成绩和存在的问题，对中国特色社会主义形成清晰准确的认知。但如果心理育人仅止于此，则远未达到心理育人之目的。当学生形成了正确的认知观，能够科学辩证地吸收知识，合理地看待中国特色社会主义建设过程中存在的各种问题之后，我们还应依据情感形成的规律和特点，引导学生形成积极的情感体验，使心理育人更进一步。

情感是人们对客观事物是否符合自己主观需要的态度体验。凡是能够满足人主观需要的事物，都能够使人产生积极的情感体验；而不能满足人主观需要的事物则会使人产生消极的情感体验。在社会生活中，并非所有事物都符合人们的需要，有时尽管有些事情在当下是违背人们意愿的，但从长远看却是有利于社会发展和进步、符合人们未来发展需要的。对于这种现象，在心理育人的过程中应该进行积极引导，引导大学生将当前需要与长远发展结合起来，明白当下的不能满足是为了将来获得更大的满足，从而产生一种持续性的积极情感。

（三）引导学生形成坚强的意志品质

良好的意志品质主要表现为独立性（自觉性）、果断性、自制性和坚持性（坚韧性）四个方面。在其他条件相同的情况下，决定人们能否成功的关键因素在于其意志。一个人能否成功，与其坚持、自制、果断和独立的意志品质相关。一个人能否抓住机遇做某一件事，遇到挫折也不放弃并坚持独立做完这一件事，与其意志力有很大关系。同时，意志还是人精神力的象征。一个具有坚强意志的人，其精神力是强大的，一个缺乏坚强意志的人，其精神力则相对弱小。

高校心理育人的对象主要是大学生，当代大学生肩负着新时代中国特色社会主义现代化建设的神圣使命，良好的意志品质对于大学生完成这一神圣使命是极为重要的。那么如何引导大学生形成良好的意志品质呢?

第一，引导他们自觉树立客观合理的切合自己实际的目标，形成做事的自觉性。第二，引导他们强化自己的执行力，这是因为，虽然目标确立得十分客观合理且符合自己的实际，但如果没有执行力，不采取任何行动，那么目标就永远无法实现。第三，引导他们提高自己的决断力，因为能力强但决断力弱往往会导致犹豫不决，错失良机。第四，引导他们锻炼自己的坚韧性。坚韧性是意志的核心指标，保持决心和行动的毅力以及坚持力和坚韧性是取得成功的关键因素。第五，引导他们培养自己的责任心。责任心是意志能力成熟的标志，如果有了责任心，人就会牢记自己的使命，即使再艰难困苦，也能紧咬牙关不放松，推动事业不断向前发展。第六，引导大学生合理规划目标实现的路径，并果断采取行动，克服困难，完成自己的目标。当然，在培养大学生形成良好意志品质的过程中，我们还应防止其形成“习得性无助”。要不断激励鼓舞大学生，引导他们在失败中发现成功的因素，形成积极的自我效能感，懂得失败是成功之母，成功就在于自己接下来的坚持中。

（四）培养学生形成健全的人格

人格是先天和后天的“合金”，它的形成和发展受遗传、环境、社会文化、家庭教养方式甚至自然生态环境等诸多因素的影响，但教育特别是学校教育在健全人格培养方面起主导作用。

高校通过心理育人培养大学生健全人格：第一，要做到尊重大学生的自尊心，这是培养大学生健全人格的首要之举。一个不被尊重的人很难形成和具备自尊。教师的尊重是大学生形成自尊心的重要保证，而自尊心的形成则是大学生健全人格的首要条件。第二，要培养大学生形成自信心。心理学研究表明，每个人都有被认可的需求，被肯定的人表现出来的积极性比一般人高，这有助于培养其自信。当学生被教师质疑的时候，他们是最孤独、最不自信的。这种孤单和不自信轻则导致沟通障碍，重则造成学生出现偏激的行为。教师的肯定对学生来说是莫大的鼓励，可以让他们更加自信而勇敢地去追逐自己的梦想，因此教师的鼓励和肯定不仅有助于学生自信心的形成，还有助于他们健全人格的养成，甚至会影响学生的一生。同时，高校还应组织各种各样的活动，让大学生在参与活动的过程中增加自信、形成自尊，进而养成健全的人格。英国著名心理学家艾森克指出，人格决定个人适应社会环境的能力。这是因为健全的人格不仅可以让人不断认识自我、提升自我，还有助于其形成良好的人际关系和社会参与能力。

第二节　高校心理健康教育的德育功能

高校德育强调个体拥有的社会属性，而心理健康教育注重的是个体自身和他人的自然属性。上述二者虽然作用的主体即个人都具有不同的素质特征，但是目标是相同的，即培养人格完善、全面发展的个体。正是以上述理论为基础，高校德育才可以在心理健康教育内涵及教育方式的帮助下不断完善自身，使教育的科学性和效果得以增强。

一、高校心理健康教育德育功能的内涵

高校心理健康教育的德育功能指的是其内在所要承担的责任。功能与作用是两个不同的概念，功能侧重事物属性中存在的效用，来源为事物本身特质的总结；作用侧重于两个事物的相互影响与功效等。从本质上看，高校心理健康教育德育功能属于高校心理健康教育的本质属性的一种。一般情况下，人们认为高校心理健康教育与德育是分离的，其拥有自己的运行发展规律与机制以及实践的途径。然而从实际情况来看，在开展高校心理健康教育的过程中，德育功能是客观存在的，不过其存在较为隐蔽。其内涵我们可以从三个方面进行阐述。

（一）满足与基础功能

德育生成源于人的需求，作用是满足人的生存所需。德育作为教育对象基本生存服务的一种工具，具有重大的意义。我们要清楚地认识到，人的生存需要不仅包含物质需求，还有心理及精神等方面更高层次的需求。

心理健康教育的作用对于大学生而言，首先，满足大学生心理上的需求。这与思想政治教育简单、表面的方法手段是不同的，心理健康教育的原则是尊重与理解，采用的方法是商讨和启发，在此基础上营造出安全、接纳的教育氛围，逐渐消除距离感，化解抵触及反抗的心理，最终使受教育者获得自尊，满足其平等的需求，保证教育的良好效果；其次，心理健康教育能够充分满足高校学生宣泄内心需求的欲望。大学是学生心理成长与发展的关键阶段，不稳定的情绪要及时疏解、宣泄，才能降低心理压力，达到心理平衡，为接受良好的教育打造一个心理软环境。最后，心理健康教育满足了一些心理脆弱的大学生的需求。高校学生来自五湖四海，家庭

环境千差万别，一些学生存在学习能力差、情商低、行为异常等问题，主要表现为学习困难、交际困难、心理承受能力低下、人格方面存在偏差等。这类学生在环境、教育等方面的心理需求较他人更加强烈，渴望得到关注、理解和包容。德育教师应该看到其中存在的教育空间。心理健康教育有基础、有能力去抽丝剥茧，对症下药，对这些特殊人群的心理问题进行疏导，滋润其心田。同时，德育教师还应该关注并满足优秀学生提升潜能及实现自我价值的需求。

（二）优化和发展的功能

一方面，从学科发展角度，心理健康教育对德育学科起到发展和延伸的作用。心理健康教育的价值导向性可实现思想政治教育的价值最大化，这是因为高校心理健康教育的概念本身就包含着德育的内容和目标，如个体的自我发展和实现、个体与社会双向互动、个体对环境的适应等。心理健康教育作为一种实践活动，其理念、理论与方法对于德育学科建设、实践活动和整体发展都具有十分重要的参考价值。

另一方面，心理健康教育就其自身功能而言，将对大学生个体的人格完善、心理满足、社会适应性等的培养作为职责，对个体的个性和心理发展的作用是显而易见的。通过心理健康教育，能够让个体都得到完善和提升，在此良好的心理基础上开展德育教育，其效果必然能够优化和加强。

（三）补偿和提升的功能

一方面，是指对思想政治教育理论体系的补偿功能。对德育而言，心理健康教育作为其新的子系统，无疑是为其注入了新鲜的理念、思路，充实了新的教育方法和手段，客观上对德育起到了补偿和提升的功能。

另一方面，是指对大学生个体的补偿功能。心理健康教育在产生的初始着重针对有心理问题和心理疾病的群体开展心理咨询和辅导工作，对个体人格和个性缺陷给予高度关注和重视且成效明显，对受教育对象的心理成长发挥着补偿和修复的功能。目前，心理健康教育无论在心理知识的普及，还是在心理健康理念的传播上都起到重要作用，应当说对受教育对象的健康认知、自我心理评价、心理成长等实现了进一步弥补和发挥作用。

二、高校心理健康教育在德育上的功能

（一）高校心理健康教育的基本功能——育心

高校心理健康教育作为一种制度化的育人活动，具有一定的主动性。一方面，在学生的心理问题还未产生或显露之前，通过心理健康教育进行积极干预，可以预防心理问题的产生。另一方面，高校通过开展心理健康教育，可以提高学生的心理健康水平，促进学生心理品质的优化与人格的和谐发展。即“育心”由于人的心理健康状态会呈现不同的层次，因此高校心理健康教育的基本功能也会呈现出不同的层次。

1. 缓解学生心理障碍，预防心理疾病

在大学生活中，不同原因会导致大学生心理产生不同的不良反应和适应障碍。主要是指个人有不自在感或自卑感，或因为人际关系处理不好而感到沮丧，或者对生活的兴趣减退、缺乏活动愿望而丧失活动能力，包括失望、悲叹、与抑郁相联系的其他感知及躯体方面的问题。抑郁苦闷的感情和心境是其中代表性的症状。抑郁因子包括死亡、自杀等项目。精神病性因子主要包括幻听、思维被播散、被控制感、思维被插入等反映精神分裂症状的项目。如果这些症状得不到有效缓解，就会有严重化发展的可能。近年来，大学生由于心理障碍而休学、退学的比例有上升趋势。

因此，心理健康教育首先需要关注的就是上述心理问题。许多高校通常的做法是传授心理健康知识、普及心理卫生知识，使学生树立心理健康意识，尽早发现自己或同学可能出现的心理问题。并且通过健全心理健康教育机构，开展一系列心理咨询、心理辅导活动，使大学生中出现的这些问题得到解决。

2. 优化学生心理品质，提升心理调适能力

一般而言，学校所开展的心理健康教育都是在基于大多数学生心理比较健康的前提下进行的。但是，现实的情况是许多大学生的心理健康水平相对不高。因此，优化学生的心理品质，提高其心理健康水平，提升其心理调适能力，是高校心理健康教育的重要目标之一。

多数大学生渴望在大学期间提高社会交往能力、挫折承受能力，以应对现代社会的激烈竞争。特别是当代大学生多为独生子女，读大学前人际

关系相对简单，进入大学后，在学习、生活、人际交往中难免会遇到各种困难，这会成为影响其心理健康水平的重要因素。据黄希庭、郑涌等学者的调查显示，人际关系问题居大学生最常见的五大问题之首，而大学生的恋爱问题、情绪问题、学习问题也相当严重。有学者曾对一些到学校心理咨询室的学生进行 SDS（抑郁自评量表）、SAS（焦虑自评量表）及 16PF（卡氏十六种人格因素测验）问卷调查，发现大一新生来咨询的主要原因是刚从高中生活进入大学生活，产生了诸如焦虑、抑郁、失眠等心理问题；而高年级大学生主要是因为面临就业和考研的压力，导致焦虑、失眠。大学生人际交往能力、承受挫折能力的欠缺，是其心理素质不高的重要表现。目前，心理学界已经研究出一系列培养挫折承受力的方法，如艾利斯的合理情绪疗法就十分有效。

3. 提高学生潜能开发力，促进人格完善

严格地说，无心理疾病、具有一定的调节能力，只是心理健康的一般要求，与心理学界所界定的健全人格还有不小的差距。概括而言，人的潜能充分发挥、人格的健全发展，才是健全人格的真实内涵。培育健全人格的人，正是高校心理健康教育的最高目的。

在高校，开发学生的潜能是心理健康教育目的的重中之重，主要包括开发学生的学习能力和创新意识。即帮助学生学会学习，树立终身学习的观念，同时培养学生的创新意识，以达到优化其智力品质、完善其性格特质的目的。由于每个学生均有其个性特征，因此心理健康教育又要针对大学生的个性差异，在学生的需要、动机、兴趣、信念、价值观等方面进行正确引导，从而全面地促进学生健全人格的形成和发展。

（二）心理健康教育的第二功能（派生功能）——育德

心理学界公认心理健康教育除了具有“育心”的基本功能外，对学生的道德品质、审美能力等综合素质的提高亦具有促进作用，是高校德育的有效补充。许多研究者均着重强调了心理健康教育的“育德”功能，也有学者将之称为“派生功能”，认为它为学校对学生实施德育提供了一个“接受者”，并通过提升学生的自我教育能力、完善学生认知结构、强化德育动力系统体现出来。梁次红在《心理健康教育在高校德育中的地位与功能研究》中认为，在高校德育大前提下，心理健康教育具有“育德”的派生功能。

1. 在德育过程中可提升大学生自我教育能力，促进大学生完善其人格行为

良好道德品质的形成依赖大学生在德育过程中的自我投入、积极参与和自我消化。当今社会复杂多变，影响学生道德品质发展的因素也是复杂多样的，德育的效果更加依赖大学生对德育内容的自我内化。心理健康教育正是着眼于提高学生自我认知能力和自我教育能力，从而为良好道德品质的形成奠定心理基础。当代大学生普遍具有较强的自尊心和独立意识，但因多种原因未能进行良好的生活技能训练和挫折训练，他们对家庭、对父母有依赖情结。在学习上，他们虽然不再满足于“60分万岁”，但对专业及其他文化知识的钻研和投入还相当不够。这种人格上的矛盾性，可以通过心理健康教育加以一定程度的整合，及时进行导向和控制。通过心理健康教育有目的、有组织、有计划地对大学生的人格发展施加积极影响，提高他们完善道德人格的积极性、主动性、创造性，就可以促进其人格意识、人格行为、需要层次的优化。

2. 帮助学生进行德育内容的取舍及内化，完善大学生认知结构

大学生与中小学生的不同之处就在于，他们对信息摄取的自主性更大、选择性更明显。皮亚杰在《发生认识论原理》中指出：认识的获得必须用一个结构主义和建构主义紧密连接起来的理论来说明，也就是说，每一个结构都是心理发生的结果，而心理发生就是从一个较初级的结构过渡到一个比较复杂的结构。从理论上说，思想品德的形成是在学生已有认知图式的基础上不断优化认知结构的过程。认知图式是认知主体在长期的实践活动中，逐渐构建而成的、具有相对稳定性的意识因素的总和。在德育活动中，学生正是以自己内在的认知图式为依据，进行德育内容的取舍及内化。心理健康教育能帮助学生完善其认知图式，优化“初级结构”，为大学生思想品德的进一步发展打好心理基础。

3. 引导学生正确认识情感，发展更高层次的需要，强化德育动力系统

有研究认为，大学生对德育内容及相关信息的接受是在一定的情感需要驱动下进行的。因此，需要和情感就构成了大学生思想品德形成、发展过程中的动力系统。根据马斯洛的需要层次论可知，大学生的需要是多方面、多层次的，且处于不断的变化中。心理健康教育的一个重要职能就是指导学生

认清和校正自己的需要，并引导他们发展更高层次的需要。教会学生正确认识自己的情感和情绪，学会调整情绪，保持积极的心态，更是心理健康教育的日常性工作。因此，行之有效的心理健康教育，可促使大学生以明确的目的、饱满的热情投入高校德育活动中，从而为德育工作取得实效提供心理条件。

（三）心理健康教育的辅助功能——育人

1.促进大学生思想与心理的双重健康

高校心理健康教育的目的，是使大学生掌握心理健康基本知识，引导学生在维护心理健康的同时，致力开发自己的潜能，在学习、生活及未来的职业生涯中不断健全自己的人格，培养良好的认知、情感、意志等心理素质，使自己走向成功。由此可以直观地看出，心理健康教育与德育在目标上具有一致性，即塑造大学生健全人格，使之早日成才；在内容上都以理想、信念、品德、意志为主。只有两者相互配合，才能促进大学生思想与心理的双重健康。

2.提升大学生社会适应能力

大学生社会适应能力是大学生在大学校园生活环境中为达到与所处环境的和谐状态而必须具备的一种综合能力。大学生社会适应能力的强弱，反映出大学生的社会化状况。而大学生的生活适应能力中的几项指标，如学习适应能力、工作适应能力和社会交往适应能力等，都与心理健康教育密切相关。大学生的求知欲和探索欲强烈、要求独立自主的意识与日俱增，因而遇事喜欢独立思考和判断，不愿盲从别人的意见。同时又因易冲动，情绪反应比较强烈，当其处事顺利时，往往眉飞色舞、趾高气扬，而一旦遇到挫折，又容易一蹶不振、情绪低落。心理健康教育应针对这一现象，有的放矢地开展相关活动，进行心理咨询、团队辅导及职业规划等教育，并结合第二课堂活动，借助社会实践平台，以提高学生的组织管理能力、心理承受能力、人际交往能力和应变能力等，促进学生积极主动地适应环境、适应社会。

3.增强大学生抗挫折能力

挫折是指个体在实现行为目标的过程中遇到障碍致使行动受阻，目标不能实现。挫折对人产生的影响是巨大的。从消极方面看，它能给人造成一种沉重的心理压力和精神负担，使人产生心理上的痛苦、紧张、焦虑，使行为的积极性降低。现实生活中，因挫折而致人郁郁寡欢、心理障碍或疾病的事例极为常见，有人还因此产生悲观厌世情绪，最终酿成悲剧。对于来自外界的挫折，每个人的抵抗力不同。心理学上把受挫折后免于行为失常的能力称为“挫折耐力”或“挫折的容忍力”，实际上就是人们平常所说的抵抗挫折的能力。

大学生产生挫折的原因是多方面的，是环境因素与个体因素交互作用的结果，是个体处在特定的情绪中发出的导向目标行为受阻后引起的。其副作用会体现在学生的身、心两个方面。因此，在高校教育中，一方面要加强德育，教育大学生树立正确的世界观、人生观、价值观，正确对待挫折，掌握一些应对挫折的办法。另一方面，还需要通过心理健康教育来进行辅助。大学生在遇到困难、经受挫折时，通过现场或网络心理咨询，可以使他们正确认识自我及社会，充分发挥自身潜能，有效适应各种环境，从而增强抗挫折能力。

第三节　高校心理健康教育提高德育实效性的途径

实践表明，从学生的心理特点和实际需要出发，在高校德育中融入心理健康教育，往往会收到意想不到的效果，对于加强和改进高校德育是很有益处的。但是由于人们过去对心理学不够重视，起步较晚，将心理健康教育运用于高校德育的时间也较短，目前对于心理健康教育如何更好地为高校德育服务，仍处于初步研究阶段，存在的问题也是不少的。因此，对于大学生德育实现途径的心理健康教育过程探讨，无论对高校德育还是心理健康教育本身的发展，都有十分重要的意义。

一、改进心理健康教育方法，增强德育的实效性

心理健康教育的成果，直接影响高校德育工作的进展及其成效。要想提高心理健康教育的有效性，就必须大力改进心理健康教育方法，多角度、多层次地在高校中开展心理健康教育活动，切实增强高校德育的实效性。

（一）积极开展心理咨询和开设心理指导课

大学生在日常学习生活过程中，产生心理困惑和心理问题都是非常正常

的。有了心理问题积极主动地寻求心理咨询，对当前的大学生来说也不是一件新鲜事。因此，在高校教育中，积极开展心理咨询和开设心理指导课就成为大学生思想教育的重要内容之一。心理咨询和心理指导课要以高校德育目标为指导，有的放矢地帮助大学生解决各种心理问题。积极开展心理咨询和开设心理指导课，有利于形成科学的心理健康教育格局，有利于更为切实有效地解决学生的心理问题。

1. 积极开展心理咨询活动，提高大学生的思想道德品质

在高校德育教育过程中，心理咨询是一项能够极大促进高校德育目标顺利实现的因素。心理咨询出现的时间并不算长，在高校德育中可以说是一个新生事物。但这新生事物的发展势头却非常迅猛，目前各大高校中已经普遍设立心理咨询机构。虽然不同学校的心理咨询机构规模大小有别，具体实施过程中的成效有异，但毕竟是从无到有，从小到大地一步一步向前发展。高校的心理咨询机构可以更有效地帮助大学生处理好在学习生活中遇到的诸多心理困惑和心理问题，对大学生的顺利成长起到良好的指导作用，虽然如此，心理咨询在高校德育中还远未发挥出应有的作用。主要表现为心理咨询在大学生中还并不普及。据抽样调查显示，只有不到 20% 的大学生在遇到心理困惑或是心理问题时，首先能想到进行心理咨询，并且能在心理咨询中心接受专职人员的指导。绝大部分学生或是想不到在高校校园中还有心理咨询中心这样一个机构，或是想到了却由于这样或那样的原因不去进行咨询。有相当一部分学生理所当然地认为凡是前去进行心理咨询的都是心理有问题的，或者干脆就认为只有出现心理疾病的人才会进行心理咨询。这样的思想意识直接导致心理咨询工作不能顺利开展，导致心理咨询的成效始终不太理想。因此在高校德育教育过程中，除了要设立专门的心理咨询中心外，还要大力进行宣传，让学生对心理咨询有一个正确的理解。当学生需要心理咨询服务时，高校应该有针对性地向大学生提供及时、有效的指导与服务，这样才能提高心理咨询的功效。此外，高校还可以充分利用广播、计算机网络、校刊、板报等多种宣传媒体，广泛进行心理咨询的教育活动。

2. 开设心理指导课，进一步拓宽高校德育教学领域

在高校德育教育中融入心理健康教育，不单单是指运用一些心理健康教育的方法提高德育的成效，也不单单是在高校校园里设立面向学生的心理咨询机构，还要系统地开设一些心理指导课，这样才能更加充分地发挥心理健

康教育的功能。所谓心理指导课，不同于普通的心理学课程，而是针对大学生出现的心理问题进行理论分析和指导，从而达到解决心理问题、塑造健全人格的目标。

心理指导课的开设，有利于大学生个体心理健康的培养，有利于大学生健全人格的塑造。与普通的心理学课程相比，心理指导课以解决大学生具体的心理问题为目标，既有理论性，又有针对性。这对大学生心理健康的培养十分重要。心理指导课主要是针对学生出现的心理问题进行疏导，从而促成大学生健全人格的实现。这对于进一步拓宽高校德育教学领域，深化高校德育的内涵，都是很有益处的。

（二）广泛开展心理普查，增强思想教育的针对性

心理普查在心理健康教育体系内占有极其重要的地位。无论何种形式的心理普查，都具有一定的科学性，这使心理普查成为一项科学的辅助手段，促进了心理健康教育的顺利开展。心理普查不但能帮助大学生更好地认识自己，而且能帮助教师更好地了解学生，从而增强德育工作的针对性。

1. 广泛开展心理普查，帮助大学生认识自己

心理普查是一种国内通用的评估方法。这种方法主要是通过问卷调查的形式，对有关心理健康方面的状况做出评估。在心理普查中，大学生要对问卷中的问题逐一回答，因此具有较广泛的普遍性和较高的可信度。而大学生逐一回答问题的过程，也是大学生对自身思想和自我行为进行审视的过程。因此，心理普查能够更好地帮助大学生认识自己，从而有效促进心理的健康发展。

2. 广泛开展心理普查，帮助教师了解大学生

心理普查可以使普查对象更好地了解自我，而且使教师对大学生有更全面、科学的了解。通过广泛的心理普查，对有心理问题或是心理障碍的大学生进行必要的疏导、矫正，对患有心理疾病的部分学生提供及时有效的心理援助，这样就使德育工作更加具有针对性。

对心理普查的结果还可以进行深入研究，以探讨某种规律性的形成过程。一般情形下，各高校都应该对新生进行心理普查，必要时可以建立大学生心理档案之类的文字资料，以便更有针对性地开展工作。需要特别注意的是，心理普查是一项专业性很强的活动，参与心理普查的人员应该掌握一定的心理知识，对普查结果不能掉以轻心，而应以非常谨慎的态度给予科学的解释。

（三）关注情感心理在大学生德育中的应用

注重情感心理在大学生德育中的应用，对于提升大学生的心理素质、提高思想道德水平都有很重要的作用。

1. 情感在大学生德育中的作用

情感或者说是道德情感，是人们在处理相互关系、评价自己和他人行为时所产生的一种态度和情绪体验。在对大学生进行德育教育的过程中，教育效果与大学生的态度和情绪体验密切相关。因为道德认知只有与道德情感相结合，才会产生道德动机，进而推动道德行为。可以说，道德情感是道德认知和道德行为的一个中介变量。传统的德育重视道德认知接受，而忽视情感接受，忽视情感接受对认知接受的调节作用。其结果往往是知行脱节、言行不一，德育效果也就大打折扣。究其原因，缺乏道德情感是最主要的因素。具体而言，情感在大学生德育中的作用包括以下几个方面。

（1）德育中的情感认同。一般情形下，人们与某种事物发生联系并且“认同”这种联系的价值时，就愿意保持乃至巩固这种联系。当对该事物发生更大的认知兴趣，并且乐于接受该事物对自己的认知和情感的影响时，这种情形就是心理学上的“情感认同”。在高校德育过程中，大学生首先是依靠理性认识，达到对教育内容的领会和掌握。但这种理性认识能不能转化为具体的行为，或者在多大程度上能转化为具体的行为，则取决于大学生对这种理性认识有无情感认同，或者在多大程度上取得了情感认同。因为任何一个人在关注和认识对象时，都存在着理性和情感的双重心理表现。理性认识是前提，而情感认同则是理性认识转化为内在意识及外在行动的“中介”。只有待人以真，动之以情，才能达到导之以行的效果。

（2）情感环境对德育的影响。大学生的情感是敏锐而又丰富多变的，并且具有一定的情景性。一般情形下，一定的情景都能激发起人们的某种情感。而当遇到某种激动人心的场面时，人们就会产生一定的激情。但这种激情一般并不持久，随着时间的流逝，随着激动人心的场景消失，激情也就逐渐淡化，最终只能留下某种记忆。这种激情只是一种浅层次的情感表现，是一般状态的过程式的情绪体验的反映，并没有真正确立情感。而德育过程中所需要的情感，是一种深层次的道德感。只有这种深层次的道德感，才能更好地保持长效性，才能把对德育的理性认识切实转化为外在的行为。要培养和保持这种深层次的道德感，重视优化情景，是一种较为有效的方法。这就要在高校中营造良好的情感环境，充分利用情感环境发挥对德育的影响作用，让大学生在持久的健康的情感体验中积累精神财富，由情到理，由懂到信，再到根本觉悟，这样才能很好地保证行动的长效性。比较理想的方式是通过各种形式的文艺活动，在高校校园中营造一种艺术氛围，从而营造良好的校园情感环境。

（3）德育中的情感物化作用。所谓情感的物化，简单说就是以情动人。当然这“情”应该是在切身感受情境下的动情。德育教育不能是空谈理论，也不能是空洞的说教，而要尽可能把教育内容和所倡导的思想客观物化为某种情境，凝聚到客观对象身上，这样才能取得好的效果。因此，德育教育工作者要自觉地从学生的情感基础出发，努力做到与学生的感情合拍，从而使学生产生一种切身的情感体验，这样就能够自觉地引导学生的道德行为。比如，在高校新生报到过程中，可以采用类似“绿色通道”“特困生超市”等服务措施，不但能给贫困学生切实的资助，而且能让贫困学生切实感受到来自学校和同学的关爱，让贫困学生感受到学校对他们成才的殷切希望。在这种情感物化作用之下，贫困学生很容易将这种感激之情化为奋进的动力，在以后的学习和生活中取得更大的成绩。

重视对学生的人文关怀，以打造“温馨班级”“温馨宿舍”为载体，营造良好的师生关系、同学关系。此外，还可以通过某种情感交流，让学生尝试关心他人的快乐情绪体验。在“以学生为本”的理念指导下，这种情感的物化作用可以渗透到各种教学及服务过程之中。

2. 培养大学生的道德情感，促进德育工作的有效开展

大学生道德情感的培养，有助于德育工作的有效开展。但如何更加有效地培养大学生的道德情感，是一项值得深入研究的课题。笔者试从以下几个方面加以探讨。

（1）知情结合能够促进道德情感发展。如前所述，在高校德育教育过程中，注重情感的作用是很重要的。但任何人的道德情感都是在一定的道德认知基础上产生，并随道德认知的发展而发展的。因此，促进道德情感发展的一个重要途径就是提高其道德认知水平。要切实提高高校德育教育的效果，一个行之有效的方法是注重情感教育。比如，在高校的毕业典礼中，采用由学校领导为毕业生逐一颁发学位证书的仪式会起到很好的效果。大学毕业是人生一个重要的转折时期，学生基本处在激动与兴奋的情绪状态。当每一名毕业生从校领导手中接过肯定自己学业的证书时，当学生再

一次感受到母校领导及老师的殷切关爱之情时，学生心中自然会想起辛勤培育他们的老师，内心会涌起对老师的敬重之情，进而转化为对母校的感激和眷恋之情。

（2）积极开展丰富的感恩活动。感恩教育能够有效激发人的情感，使教育理论从抽象化为具体，从单纯的说教化为行动，对提高学生的思想道德品质、提升学生的综合心理素质都有极大的促进作用。感恩活动的形式是多种多样的，如写一封感恩信，参加社区服务或者是献爱心的义务劳动，或者是进行慰问活动，包括扶贫、救灾、捐款等活动，都会取得意想不到的效果。以这样的活动为载体，让学生从活动中体验感恩、实践感恩，最终实现情感的升华，使学生在具体的实践活动中把所学到的教育理论转化为自己的内在意识，从而有效地提升德育教育的效果。

3. 以关爱之情贴近大学生的内心世界

在高校德育工作中，情感教育是做好德育工作的一项基本要素。俗话说，“人非草木，孰能无情。”在德育工作中只有注重情感，才能取得德育的良好效果。比如，在对学生进行爱国主义教育时，教师首先应该具有满腔的爱国热情，这样才能将自己主观体验的情感传达给学生，借助情感的感染力，从而唤起学生相同的情感体验。德育工作不能只是板着面孔教育人，而是应该富有人情味。要做到以情感人，对教育对象怀有深厚的感情和浓厚的爱心，这样才能使教育对象产生亲近感，进而使教育者与被教育者产生情感上的共鸣，才能取得较好的效果。反之，那种枯燥的理论和板着面孔的做法是难以让大学生接受的。

总之，在高校德育教育过程中，要以科学的方法为指导，以平等的态度待人，使受教育者有一种亲切的感觉，这样才会比较容易接受教育者的观点，并在潜移默化中内化为自己的行动意识。

4. 克服学生对德育工作者的情感抗拒

教育不是单方面的行为，而是一种双向交流过程，需要教育者与被教育者共同参与才能实现。教育工作的这种特性，使情感教育在德育中占据着相当重要的地位。或者说，教师与学生之间的情感交流在教育过程中是很重要的一种因素。在具体的教学过程中，教师对学生表现出的每一份真诚的关爱，学生都能强烈地感受到，并且会以同样的真诚加以回报。作为教师，在学生眼里不仅要有威严感，更要有亲切感。古语说得好，“一日为师，终身为父。”学生与教师的这种身份定位其实恰到好处。当学生从内心深处对老师产生出一种亲切感时，在这种情感的支配下，学生就会乐于接受教师的教育，也能更有效地提升他们的心理健康水平。但是在德育过程中，不能过分显现情感的作用，也要注意师生情感交融原则的把握。教师通过师生之间的情感交融，可以提高学生对教育内容的接受性。所谓“亲其师，信其道”，说的就是这个道理。需要注意的是，学生“亲其师”是手段，“信其道”才是最终目的和结果。教师如果一味强调情感的感染作用，忽视了其他教育方法的应用，甚至忽视了对自身素质的提高，最终也会影响教学效果的提升，从而丧失情感教育应起的作用。

二、提高教师知识素养，在教学中多渠道渗透心理健康教育

增强心理健康教育在大学生德育实现途径中的作用，提高对心理健康教育与高校德育相结合的重要性的认识是首要条件；营造一个有利于心理健康教育在高校德育中运用的环境，并且适当改进心理健康教育方法是必要条件；而提高教师知识素养，在学校教学中多渠道渗透心理健康教育则是改进德育成效的充分条件。

（一）造就一支既懂德育又懂心理健康教育的教师队伍

高校心理健康教育的诞生，是德育工作者积极探索德育发展的结果。目前，我国高校心理健康教育的地位越来越重要，所起的作用也越来越大，这些都与高校的德育工作者辛勤耕耘、无私奉献分不开。在高校德育工作者的努力下，目前高校的心理健康教育取得了较大的成就，这是应该肯定的地方。但在取得成绩的同时，还要看到高校心理健康教育存在着诸多不尽如人意的地方，高校德育工作者面临的任务还很艰巨。德育工作者不仅要熟悉和掌握有关思想政治方面的专业知识，还要学习和掌握有关高校心理健康教育方面的知识，两者的地位几乎同样重要。

1. 高校德育工作者要学习、掌握有关心理健康教育的知识

德育教育成效的高低与德育教育工作者本身的理论水平以及实践经验有着十分密切的关系。从事德育教育的人员首先应该具备一定的理论知识，包括政治理论知识和心理学知识，其次还应当具有一定的学历及职称，这样才能更好地胜任德育教育工作。一般来说，德育工作者都具备一定的政治理论知识，但或多或少对于心理学方面的知识有所欠缺，从而影响了对学生的全

面认识。而心理健康教育注重研究和了解人的内心世界，注重心理疏导，可以提高思想教育的有效性。因此，加强高校德育工作者的心理健康教育培训，提高德育工作者的心理健康教育的意识和水平，对于提高德育工作者的理论知识水平，提高德育工作者自身的素质，提高德育的有效性，都具有十分重要的现实意义。

高校德育工作者学习的途径和方法是多种多样的，其中最有效的办法是采取集中培训的方式。比如，举办培训班、定期开展专题讲座等。诸多的方式中，举办培训班是比较易见成效的一种方式，这是提高高校德育工作者心理健康教育水平的重要举措之一。此外，还可以采取自学的方式。自学的方式比较简单易行，而且在自学过程中，德育工作者可以边学习边运用、边实践边摸索，也容易取得成效。一个合格的思想政治教育工作者，在某种程度上也将是一位合格的心理健康教育工作者，至少他应该接受过这方面的教育。

2. 从事心理健康教育的人员要学习、掌握高校德育的有关知识、方法

心理健康教育虽然地位重要、功能多样，在发挥高校德育的整体育人功能方面起着不可替代的作用。但是作为高校德育的一项有机组成部分，从事心理健康教育的工作人员也要学习掌握高校德育的有关知识和方法。从我国高校心理健康教育的现状来看，目前在高校中从事心理健康教育工作的人员除德育工作者外，还包括一些医务工作人员、心理专业教师等。那么，这部分非德育专业的工作人员就有必要学习和掌握一些有关德育的知识和方法，不然势必会影响心理健康教育在高校德育中作用的发挥。

高校心理健康教育与德育之所以能融合在一起，关键的一点就在于二者在育人目标上具有某种程度的一致性。高校心理健康教育在为大学生提供有关心理学知识信息的同时，也不能无视思想道德方面的内容。相反，心理健康教育始终要与高校德育相结合，在育人方向上与高校德育保持一致，要把提升学生的思想道德水平作为自己的工作目标之一。因此，从事心理健康教育工作的其他人员也要学习和掌握高校德育的有关知识、方法，这样才能有效地防止专业知识的偏失，也能有效地预防在心理健康教育过程中出现目标偏低的倾向。可以说，学习和掌握高校德育的有关知识、方法，既是他们完善知识结构的需要，也是他们提高自身思想修养的需要。一个合格的心理健康教育工作者，在某种程度上也将是一位合格的德育工作者，至少他应该具有这方面的知识。

（二）在学校教学中多渠道渗透心理健康教育

在学校的各项教育活动中，不仅德育工作者要注重对学生进行心理健康教育，其他部门与人员（包括班主任和后勤服务部门）也要注重对学生进行心理健康教育，做到全面渗透、全员参与、全程落实，使心理健康教育渗透整个学校教育的全过程。

1. 在各学科教学中渗透心理健康教育

寓心理健康教育于各科教学中，这是高校对学生加强心理关怀的重要举措。学校心理健康教育仅靠几个德育教师开展，多少显得有些势单力薄，不可能收到良好效果，也不容易实现心理健康教育的最终目标。在学科教学中渗透心理健康教育，动员学校全体教师共同参与，使每个教师都成为心理健康教育者，每个教师都承担起心理健康教育的一份责任。因此，在教学中，每个教师都要具备一定的心理健康教育理论知识、教育意识，善于根据学生的心理规律来安排组织教学。此外，每个教师都要善于挖掘教材中所蕴含的有关心理健康教育的内容素材，并充分加以利用，使各科教学都能起到培养学生良好心理素质的作用。比如，语文教学在提升学生的读写能力、培养学生的思维品质的同时，还能有效提升学生的审美能力，促进学生的非认知心理品质的发展；数学教学注重发展学生的逻辑思维品质；自然科学则把关注的重点放在培养学生的创造性思维品质上，同时注重培养学生的科学精神和科学态度；社会科学对于提升学生的道德心理素质有很大帮助；艺术教学则更注重形象思维品质，同时注重学生的美感与道德感的发展；体育教学的主要目的是增强学生的身体素质，同时也为培养学生良好的心理品质奠定生理素质的基础，并在一定程度上培养学生良好的意志品质。

当然，以上所述也并没有涵盖各科教学在心理健康教育中所起的全部作用，但至少体现了各科教学在心理健康教育的过程中所占据的重要地位和所起的作用。如果各科教学都能对心理健康教育起到一定促进作用的话，心理健康教育就会起到应有的成效，这对于促进学生心理素质的提升无疑大有益处。

2. 在德育系列教育活动中渗透心理健康教育

如前所述，心理健康教育是高校德育的一个有机组成部分。心理健康教育是德育工作的基础，德育工作、德育活动是心理健康教育的一个重要载体，两者密切结合、不可分割。但如何在德育系列教育活动中更好地渗透心理健康教育，并不是一件简单的事情。笔者认为，这可以从以下四个方面来进行。

一是通过扩充和完善德育目标，如把关注学生的心理健康纳入德育的目标，就需要在德育教育中渗透心理健康教育；二是通过丰富德育内容，如把培养学生良好的心理品质纳入德育的内容，就需要在德育教育中渗透心理健康教育；三是通过拓宽德育方法，如开展心理咨询、运用测量技术等，需要在德育工作中渗透心理健康教育；四是通过提高德育队伍素质，如德育工作者学习和掌握心理学的有关专业知识，可以有效地提升德育工作者的素质，这也需要在德育中渗透心理健康教育。

总之，德育工作者常常扮演双重角色，既是德育工作者，又是心理健康教育工作者。缺乏心理健康教育的有关知识，德育工作就是不完善的。因此，德育工作者要努力学习和掌握心理学的有关理论和方法，并将心理学的有关知识和方法自觉运用到实践工作中去，以增强德育的效果。当然，在德育工作中强调心理健康教育，也要看到两者的区别，既不能用心理健康教育取代德育，又不能用德育代替心理健康教育。

3. 在课外活动中渗透心理健康教育

学校课外活动大致包括道德教育活动、知识趣味活动、文体娱乐活动以及社会实践活动等内容。一般来说，课外活动内容丰富，种类繁多，其中无疑可以蕴藏形式多样的心理健康教育。在丰富多样的课外活动中，学生可以开阔自己的视野，锻炼自己的意志，丰富自己的情感体验，提高自我调节能力、研究和创新能力，以及独立思考问题和解决问题的能力。既然课外活动对学生的各种实际能力都有不同程度的提升作用，如果适当加以引导，就会朝着更加规范的方向迈进，对学生心理素质的提升也会起到更有效的促进作用。

（三）加强高校心理健康教育与德育融合的课题研究

加强高校心理健康教育与德育融合的一个重要方式，是开展相关的课题研究，这是提升德育工作者专业水平的有效途径和手段。

德育工作者业务水平的高低，直接影响德育成效的大小。提升德育工作者专业水平的方法很多，如进行必要的理论学习，总结实践经验，同事之间经常进行经验交流等。除了以上的方法之外，更重要的一条有效途径是进行相关的课题研究。长期以来，从事心理健康教育和德育实践的人都容易忽视理论研究，甚至轻视理论研究；而从事理论研究的人又很少接触实践。这就造成理论与实践相脱节的现象，从而形成“两张皮”的局面。特别是在高校心理健康教育与德育工作的队伍中，重视理论研究的少，而埋头实际工作的多。这种局面显然不利于心理健康教育与高校德育的进一步发展，不利于教育理论的进一步提升，也不利于教育水平的进一步提高。因此，加强高校心理健康教育与德育融合的课题研究，具有很重要的理论意义和现实意义。这可以通过以下方式来推进相关的研究工作。

1. 学校要鼓励科研活动

学校要鼓励学校的心理健康教育工作者及德育工作者积极申报各级各类研究课题，包括校级、省级乃至国家级的相关研究课题。为了便于申报，学校还应该组织有关专家为他们提供相关的帮助。比如，充当学科带头人进行课题申报，在课题研究、论文写作、课题结题等方面提供必要的指导和帮助。

2. 加强科研协作交流

科研协作交流不仅包括学校内部各部门之间的交流，各兄弟院校之间的交流，还应该包括院校与社会有关部门之间的交流，以及中国与外国之间的交流与协作。

科研协作交流的过程，也是提高研究人员科研意识和科研能力的过程。交流的形式是多种多样的，如可以举办各种规模的科研成果交流、研讨活动，或是召开关于心理健康教育的专题研讨会，或者请一些资深专家学者前来讲学，都可以起到很好的效果。

（1）进行科研评奖。这种评奖可以是多种级别的，这样更有利于不同层次的教师参与进来。通过定期对研究成果进行评比、奖励，从而达到促进研究工作有效进行的目的。

（2）设立科研课题。为了鼓励更多的人特别是青年教师开展学术研究活动，学校要想办法营造一种良好的研究氛围。比如，可以提供一些操作性强的科研课题供教师选择，重点鼓励那些现实性强、有一定新意的研究课题，通过这些课题的研究达到推进研究工作顺利进行的目的，并且争取为进一步申报省级乃至国家课题打好前期研究的基础。这样就可以更好地推进高校心理健康教育与德育融合的研究工作，最终达到提高教学效果的目的。

三、提高心理健康教育在大学生德育功效中的对策

（一）提高对大学生德育实现途径中心理健康教育重要性的认识

在大学生德育实现途径中关注心理健康教育与之融合的程度，提高对心理健康教育和心理健康教育与高校德育相互融合重要性的认识，是正确认识两者的相互关系和探讨两者相结合的首要条件。

1. 正确认识心理健康教育与高校德育的相互关系

心理健康教育与德育之间，既存在一定的区别，又存在较为密切的联系。心理健康教育效果，直接影响到高校德育的效果。一般来说，学生的心理问题往往是与思想问题或道德问题联系在一起的。许多学生正是因为缺乏正确的人生观、价值观，才出现这样或那样的心理问题。而对于心理不健康或是有心理障碍的学生来说，不但不能很好地接受高校德育教育，而且对于文化课的教育也未必就能很好地接受。心理健康教育必须与德育相结合，才能取得更好的成效。可以说，心理健康教育对高校德育工作的有效开展起到重要的作用，同时德育为心理健康教育提供更高层次的目标和努力方向，使心理健康教育的效果更加突出，两者相辅相成、相得益彰。两者的相互融合，无论对于高校德育任务的有效完成，还是对于心理健康教育自身的发展都是十分有益的。

2. 高校德育需要心理健康教育的辅助

随着社会的发展，大学生所面临的各种问题越来越多，尤其是各种心理问题愈加突出。大学生是一个高智商的群体，但又是一个高压力的群体，他们的需求往往比一般的群体高，受到的压力也比一般群体大。他们对自身寄予的希望较大，同时社会、学校和家庭对他们寄予的希望往往也更大。在这种情势下，他们所遇到的心理问题与以前相比，要多出几倍甚至十几倍。面对层出不穷的心理问题，传统的高校德育就显得力不从心。把心理健康教育与德育结合起来，可以更深入地认识和了解学生的特点，从而有助于增强思想教育的针对性和有效性。面对新时代出现的新课题，高校德育需要进一步结合心理健康教育，以解决大学生心理问题为重点，最终达到培养健全的人格的目的。

3. 心理健康教育有利于培养大学生健康的心理素质

心理素质的培养既是一项长期的工作，又是一项非常重要的工作。高等德育教育的目标之一就是要培养学生良好的心理素质。而学生心理素质的培养单凭传统的高校德育教育，很难看到好的成效。将心理健康教育运用于高校德育中，对于培养学生良好的心理素质起到重要的作用。作为新时期的德育工作，不仅要注重提高大学生的思想道德水平，还要注重提高大学生的心理素质水平。这一目标如果离开心理健康教育几乎是不可能实现的。

（二）正确激发心理健康教育功能，提高德育教育的影响

心理健康教育的主要功能包括导向性和凝聚性。心理健康教育对大学生心理的导向功能主要是通过心理健康教育所建立起来的自身系统的价值和规范标准，影响和引导大学生的行为心理，制止不良行为的发生，通过各种文化活动，逐步把学生引导到正确的价值目标上来。而心理健康教育的最深层的影响决定的是校园人共同认同的价值观，它对大学生的精神状态、行为方式等起着决定性的作用。其中，凝聚性体现为能够在学生中形成一种向心力，一种团结一致的合力作用。而这两种作用一旦形成，就会在学生当中根深蒂固，它的影响是全面性的、潜藏性的、持久性的。高校如果加强心理健康教育中德育教育的投入力度，自然就会收到意想不到的成效。而德育教育对大学生的作用影响不仅表现在高校实现对人才的培养，还表现在它在一定程度上影响了培养出来的人才在走向社会后的发展方向。可以说，优秀的校园心理健康教育和德育环境会在大学生观念中打上烙印，并因其历史的继承而形成自身稳固的逻辑结构，成为制约大学生人格形成的因素，对学生的影响经久不衰。

四、营造心理健康教育对提高德育实效性的有利运用环境

在高校德育教育过程中，营造一个良好的心理健康教育的运用环境，对于高校德育工作的开展无疑有着良好的促进作用。马克思曾说："有一种唯物主义学说，认为人是环境和教育的产物，因而认为改变了的人是另一种环境和改变了的教育的产物——这种学说忘记了：环境正是由人来改变的，而教育者本人一定是受教育的。"环境影响人，人也影响环境。因此，人可以优化环境，反过来，环境对于人的优化也起到很重要的作用。具体而言，营造一个有利于心理健康教育在高校德育中运用的环境包括以下几点。

（一）营造健康的社会心理环境

高校思想政治教育的成效，在很大程度上受到社会心理环境的影响和制约，而社会心理环境又受到社会舆论导向作用的影响。因此，坚持正确的社会舆论导向，对于高校德育工作的开展有很大的影响。

社会舆论对于高校德育的影响在很大程度上取决于传播的渠道和速度。过去通信信息不发达，社会舆论的传播渠道还比较单一，随着社会的发展，传播渠道越来越广，传播速度也越来越快。各种社会舆论对于大学生来说，无疑是一种极大的诱惑。大学生的接受能力较强，但是辨别是非的能力较弱，一些虚假的信息就容易乘虚而入，其影响往往较为恶劣。对于这种情况的存在，高校德育教育工作者就要引导学生辨别是非，保证心理健康教育的正确发展方向。把心理健康教育与德育结合起来，可以更深入地认识和了解学生的特点，从而有助于增强思想教育的针对性和有效性。面对新时代出现的新课题，高校德育需要进一步结合心理健康教育，以解决大学生心理问题为重点，最终达到培养健全的人格的目的。高校要拒绝各种错误思想，从而为学生营造一个健康的社会心理环境。

（二）营造健康的校园心理环境

所谓校园心理环境，是指校园内部能够影响师生员工心理的环境因素，包括高校的道德风气、学术气氛、校园文化、管理方式乃至高校本身的历史传统等。校园心理环境是大学生个性形成与发展的土壤，也是大学生学习和工作的动力来源之一。营造健康的校园心理环境对于大学生道德品质的形成乃至德育教育实效性的提高都是非常重要的。

1. 建设积极向上的高校校园精神

校园精神可以说是校园心理环境的最高层次，它是学校本质和学校办学精神的集中体现，具体反映在校风、教风和学风等方面。

高校校风是全体教职员工的工作态度与学生学风的集中反映，包括师生员工的道德品质、理想信念等方面。良好的校风对于培养学生健全的人格、提高学生的综合素质都有很好的促进作用。

高校教风是指教师的教学风格，是包括教师的知识水平、教学技能乃至道德风尚在内的综合表现。要形成良好的教风，就要提高教师的专业素质水平。教师的专业素质水平不高，就难以赢得学生的认同，势必影响到教学效果的提高。在提升专业素质水平的同时，教师还要有良好的道德风尚，这样才能起到表率作用，给予学生好的影响。

高校学风是指学生在较长期的学习过程中形成的一种较为稳定的学习行为和学习风气，是校园精神的主要体现。学风的形成是较长期的一种行为，学风的转变也有一定的过程。因此，维持良好的学风，对于调动学生的学习积极性、培养健全的人格都有极重要的影响。

2. 创建人文关怀的校园文化氛围

高校教育的一项重要任务就是提升学生的文化素质。文化素质的提高并不单纯是在课堂中获得的，良好的校园文化氛围对于学生文化素质的提高有很大的影响和促进作用，在某些时候甚至能收到意想不到的效果。

校园文化作为高校教育的一个有机组成部分，一直都为高校的领导者所重视。甚至可以毫不夸张地说，从幼儿园的活动室到高校的校园里，对于校园文化都比较重视。校园文化一般包括文化观展和文化活动两部分，两者相得益彰，缺少哪一方面都会给校园文化建设带来不利的影响。校园中的文化观展形式多样，无论是何种样式的文化观展，都会对学生起到一种熏陶感染的作用，使学生在潜移默化中形成良好的道德情操和品质。至于高校中的文化活动，包括学校组织的各类文体活动，如各种演讲比赛、辩论赛等。这些活动对于开发学生的智力、提升学生的道德品质都有良好的促进作用。

（三）营造良好的课堂心理环境

在高校德育教育过程中，营造良好的课堂心理环境也是相当重要的一个方面，具体包括以下几个方面的内容。

1. 提高教师的心理健康素质

教师是教学过程的组织者，课堂心理环境主要是由教师创设的。教师心理健康，精神饱满，准备充分，在课堂教学中不但能有效组织自己的教学语言，做到既轻松幽默又逻辑严密，而且能在课堂上营造一个轻松愉快的课堂氛围。学生在这样的课堂氛围中，不但不会感觉学习的苦恼，而且在很多时候会有一种如沐春风的感觉，学习的效果也就可想而知。然而令人遗憾的是，近年来，随着教学任务和科研任务的加重，教师感受到的压力也越来越大。许多教师经常处于极度忙碌的状态，没有时间娱乐和锻炼，致使相当一部分教师长期处于一种亚健康状态，表现为情绪低落、上课缺少激情甚至厌倦等状态。这种负面情绪带到课堂上很容易传染学生，导致学生也出现情绪低落，学习没有兴致。可见，良好的课堂心理环境的创设，取决于教师的心理健康素质。也就是说，只有具备健康心理素质的教师，才能营造良好的课堂心理环境。这就要求教师不仅要加强自己的理论修养，提高自身的知识水平，还要提高自我调节情绪的能力，培养健康的心理素质。

2. 创设和谐的课堂气氛

如何创设和谐的课堂气氛，是一个比较复杂的问题。要创设和谐的课堂氛围，如上文所讲，提高教师的心理健康素质是很重要的一个因素。此外，师生之间和谐的关系也是创设和谐课堂氛围很关键的因素。要提高学生的学习效率，教师首先要加强与学生的沟通。教师要了解学生的思想，了解学生的生活，进而了解学生的心理发展规律，建立融洽的师生关系。这样的氛围，既有利于教师与学生进行交流，又有利于激发学生的学习热情，对学生健全人格的培养也是大有帮助的。

3. 运用心理学知识，积极改善教学方法

目前，高校教学包括德育课的教学主要还是采取传统的讲授法。这种教学模式固然也有不少优点，但是缺点与不足也是显而易见的。最明显的不足之处就在于这种讲授方法重灌输而轻引导，学生的学习只是被动的接受，而不是主动的吸收，因此教学效果往往不太理想。要想提高教学效果，就要想办法改善教学方法，将心理学知识运用于平时的授课中，往往会收到意想不到的效果。

将心理学知识运用到教学中，首先，教师在授课过程中要善于诱导。对于绝大多数学生来说，学习并不是一件“乐事”，甚至在多数情形下是件“苦事”。如何使学生以苦为乐，变苦为乐，让学生变“苦学”为“乐学”，是一个很值得探讨的问题。心理学研究表明，进行一项研究工作，倘若能持续不断地从中获得成功的体验，那么从事研究的动力就越大。学生的学习也是这样。教师在教学中经常看到的一种情形是，好学生经常是越学越好，而差学生的表现则是越来越差。教师对这种情况可能已经司空见惯了，但是从心理学的角度分析，则大有研究的价值。如果教师能从学生的实际出发，在讲课过程中善于诱导，让学生在学习过程中不断获得成功的体验，这样学生就能体会到学习的乐趣，也就会产生持续学习的动机。

其次，教师在授课过程中要注重指导。教师在讲台上应该是一个导演的身份，要善于指导学生如何去做，而不是扮演一个演员，只让学生在台下看。从某种程度上讲，教师的课堂讲授不是为了让学生获得多少具体的知识，而是要教会学生如何“学”。学生的四年大学生活，在教室里度过的时间其实并不多，有相当一部分时间应该是在学校的图书馆度过的。大学教师讲课的目的其实是指导学生如何自我学习，更多的是培养学生自己学习的能力，而不仅仅是学会了几个词语、背会了几篇文章。一个合格的大学生应该是在自我学习的过程中善于发现问题，同时也善于解决问题。这样的教学才是一种理想的教学方式。

（四）营造和睦的宿舍心理环境及健康的家庭心理环境

1. 营造和睦的宿舍心理环境

宿舍是大学生生活和学习的主要场所，也是学生心理问题容易暴露的地方。高校的德育教育不仅要注重在课堂上进行，还要注重在课堂外一切可能的场所进行。学生宿舍是学校加强舆论宣传的一个极其重要的场所。高校应在学生寝室附近通过各种方式进行舆论宣传，对学生进行正面引导，从而形成良好的宿舍心理环境。

2. 营造健康的家庭心理环境

人们现在一般都有这样的认识，学生的教育并不单纯是学校的任务，也不是单靠学校就能胜任的一项任务。除了学校之外，家庭在学生的成长过程中也发挥着极为重要的作用。父母的所作所为对学生道德品质的形成可以说有着不容忽视的影响。所谓言传身教，身教往往比言传更易见到成效。具有良好心理环境的家庭，对于增进学生的心理健康、提升学生的心理素质、提高学生的道德品质都是极有益处的。据有关研究表明，绝大多数青年犯罪都与紧张的家庭心理环境有关。因此，营造健康的家庭心理环境是高校德育教育的一个重要环节，也是培养学生健全人格的一个重要条件。营造健康的家庭心理环境，可以从以下几个方面入手。

（1）提高家长的思想道德修养。孔子说：“其身正，不令而行；其身不正，虽令不从。”家长对子女的影响作用是巨大的。因此，家长要格外注意自身的行为规范，自觉给子女做出一个好的榜样。这样才能使子女在潜移默化中提高思想道德修养，从而形成健康的心理素质。

（2）更新家长的观念，树立平等意识。心理学研究表明，人的独立个体意识的形成在孩提时就已经开始了。因此，树立民主、平等意识，尊重子女的独立人格，注重培养和发展子女的兴趣、爱好，对于孩子的成长是大有裨益的。在家长保护过度的“溺爱”思想指导之下，子女比较容易形成依赖思想，缺乏独立自主的能力，甚至产生严重的心理障碍。因此，家长要及时更新观念，改变传统的“家长制”观念，以父母和朋友的双重身份去关心、理解子女，这样才有利于培养子女健康的心理素质。

3. 要遵循教育规律，科学育人

遵循教育规律，运用科学的方法育人不仅是学校的职责，也是家长的责任。促进学生的心理健康发展，学校固然要承担一定的职责，要讲究一定的策略；而家长也要配合学校的教育，采取正确的教育策略。这就要求家长要与时俱进，掌握一些适合新时代学生心理发展规律的教育方法，注重将成人与成才密切结合起来，不能只重智育而轻视德育。我国自古以来就比较重视德育，讲求德为先的教育原则。人们现在需要更好地继承这一优良传统，而不是忽视甚至摒弃。此外，家长还要注意经常与子女沟通和交流，这也是培养健康人格的一个重要因素。

以上分别从四个方面探讨了大学生德育实现途径的心理健康教育过程，提出了一些心理健康教育与德育进一步融合的方法。总之，心理健康教育对于德育非常重要，健康的心理是培养良好品德的前提和基础。人们在关注高校德育的时候，也要充分认识到心理健康教育的重要性，这样才能培养出心理健康、人格健全、思想品德高尚的合格人才。

第五章 网络育人：自媒体与高校德育

第一节　网络育人概览

一、网络育人的内涵

随着现代信息技术的进步，网络作为当今最具有影响力的通信工具已经成为人们学习和交流的重要媒介，随着网络渗透进人类社会生活的各个角落，它与教育领域的密切结合便催生出网络育人这种新的育人形式。人们对网络育人基本内涵的界定是研究网络育人的前提，也是推动网络育人发展的基础，因此有必要对网络育人的内涵加以确证。如今，学术界对网络育人内涵的理解可以说是“仁者见仁，智者见智”，尚未形成比较一致的观点。

关于对网络育人基本内涵的表述，笔者归纳了学术界的几种理解角度：第一，从网络教育的角度入手，把网络育人看成是一种有关网络的教育。第二，从网络技术的角度出发，将网络育人归结为一种利用现代网络技术对人进行教育的一种影响。第三，认为网络育人是通过网络这一工具对受教育者进行一种有目的性、计划性和组织性的教育活动，最终目的是实现人的价值。学术界还有人从网络文化这一大环境入手，认为网络育人是基于网络环境背景下开展的一项育人工作。虽然学术界对网络育人内涵的界定众说纷纭，但上述对网络育人的理解都有所偏颇，没有更好地揭示出网络育人的实质。从马克思主义理论的角度进行解读，网络育人是在网络意识形态教育的基础上，在网络的虚拟空间中对网民进行网络思想政治教育的一种新方式。网络育人是一种关于网络的育人形式，但网络育人并非网络与教育的简单衔接，而是在批判继承传统育人方式的基础上加以发展并创新的结果。所以，人们既不能把网络育人简单地看成是一种借助网络进行教育的形式，也不能将它通俗地理解为用来进行网络相关技能传播的一种方式。网络育人通过现代网络信息技术手段，营造一种虚拟的教育环境，让网民在这种虚拟的空间中尽情地交流、自主地学习。

综上所述，网络育人的基本内涵可以从以下几个方面加以理解。首先，在形式上，网络育人是网络与教育相结合的一种新型育人形式，这种形式并不是网络和教育的简单叠加，而是发生了新的质变从而达到了一体化的效果。网络育人突破了传统僵化的填鸭式教学模式，打造了一种更加生动、具体、形象的教学形式，更易于网民对知识的获取与吸收。网络育人延伸了现实的课堂，使网民在网络的虚拟世界中共享教育资源、平等交流，实现了在隐性的环境下潜移默化地进行育人的目的，开辟了教育领域的新形式。其次，在方式上，网络育人完善传统“一对多”的单向灌输模式，转为新型“多对多”的互动传播方式，实现了受教育者之间的多元互动，最大限度地调动了网民的积极性和主动性。网络育人的知识传播过程不只是作用于受教育者的一种感官之上，而是充分调动网民的多种感官。它打造了一种立体的育人模式，将声像、影视等融合在一起，以图文并茂的途径多管齐下，让网民有一种身临其境的感觉，这在很大程度上激发了网民的学习兴趣和交流的欲望。网络育人通过网络这一载体使教育者与网民之间有效互动，实现了寓教于乐的目标。再次，在范围上，网络育人的覆盖面非常广阔，它打破了学校封闭的“围墙”，使教育走出校园、走向开放的社会领域，甚至跨越了国界走向国际。网络育人在网络的“虚拟空间”中发挥着举足轻重的作用，它很大程度上超越了时空的限制并使网民摆脱角色、地位的束缚无拘无束地交流。最后，在内容上，网络育人更贴近网民的生活实际。网络信息的极大丰富为网络育人提供了充足的资源，网民不再受教育内容的限制，他们可以在网络上自主搜索自己需要的学习内容来进行学习，更有利于体现网民自主性的彰显和创造性的发挥。

网络育人很大程度上弥补了传统教育的不足，促进了网民的人际交往并拓展了教育的内容，深受教育群体的喜欢。可以说，网络育人是传统教育的发展和完善，它不仅推动了教育领域的新变革，还给受教育者的学习带来巨大便利。总之，网络育人是以网络对受教育者进行教育为主要内容，通过教育者与网民之间双向互动的方式，以促进网民个性充分发挥、自主性得以彰显为目的，在潜移默化中对网民进行教育的一种新形态。它更好地适应了网络化时代发展的规律，成为全员育人、全方位育人、全过程育人理念在网络信息化背景下的新体现，并使全环境育人的理想成为现实。

二、网络育人的表现形式

（一）网络育人一般化的表现形式

教育不可避免地受到社会大环境的制约，一般来讲，有什么样的社会环境就有什么样的教育形式与之相切合。随着信息网络科技的不断进步，网络育人迅速发展并发挥着至关重要的作用。但归根结底，网络育人属于一种教育形式，因此它的一般化的表现形式就体现出与其他育人方式共性的地方。网络育人的一般化表现形式主要涉及价值观念塑造、政治方向引领、伦理道德教化、法律法规内化等多个领域。有效把握网络育人的一般化的表现形式，不仅有利于进一步把握网络育人的内容，还有助于受教育者的主体性的发挥。

1. 价值观念塑造

价值观念塑造作为网络育人的根本内容，属于世界观和方法论层面的教育，它在整个育人体系中处于主导地位。网络育人能够通过网络媒介塑造网民的价值观念并影响受教育者，进而使其树立正确的人生观、价值观。网络育人始终以马克思主义的世界观为基础对受教育者进行价值观方面的教育，用马克思列宁主义指导网民的言行，并通过网络渠道潜移默化地对网民进行教育，引导他们树立正确的思想意识并形成科学的思维方式。在虚拟的网络环境中，多种理念并生、各种价值观共存使网民的思想碰撞随处可见。网络育人指引网民以科学的价值观为导向，抵制落后的思想和虚假的网络内容。对于那些已经偏离常规思想和行为的网民，网络育人通过网络中无形的力量给予批判和指导，以保障网民的言行能够在正确的轨道中行驶。

2. 政治方向引领

政治方向引领是网络育人内容的核心，它对网络育人起着一定的指导和支配作用，并在很大程度上影响着网络育人的发展方向。网络信息的上通下达一定程度上提高了网民政治活动的参与度，但网络的自由性和虚拟性使网络政治观点复杂多样、政治言论真假难分，很大程度上使网民的政治认识和政治行为受到影响，甚至使网民陷入迷茫。因此，有效发挥网络政治方向引领的功能至关重要。政治方向引领通过网络渠道并依据相关的政治思想、政治规范对网民开展政治教育。也就是说，网络育人在政治理念、政治原则、政治信仰、政治纪律、政治态度、政治方向、政治立场、政治情感等方面进行有效的引领，进而培养网民正确的政治意识和政治活动的参与能力。网络政治方向引领主要涵盖了网络政治理念指引、网络政治安全管理、网络民主观念塑造、网络政治言论教育等方面的内容。它为网络育人提供了一种民主化的教育方式，有利于培养较高政治信仰的爱国主义人才。

3. 伦理道德教化

伦理道德教化是网络育人的基础内容，既能体现网络育人的目的，又是提升网民自身道德素质的有效途径。伦理道德教化属于行为规范性教育，这种教化有利于网民养成良好的道德素质，使网民形成高尚的行为品质。信息科技时代，网络技术迅速发展的同时也给伦理道德带来冲击，开放的网络环境容易导致网民道德行为的失范，给伦理道德的发展带来挑战。网络伦理道德教化主要通过网络这一媒介对网民进行道德教育，把优秀的伦理和美德传递给网民并促使网民把道德要求、伦理规范以及责任意识内化于心。在此基础上，网络育人帮助网民树立科学的伦理观、道德观，促使他们做到用正确的道德准则来规范自身的言行，进而养成良好的道德人格和道德品行。

4. 法律法规内化

网络已经深入人们生活的各个领域，成为影响人们日常行为的重要因素，这一现实情况要求人们对网民进行法律法规内化教育。法律法规内化作为网络育人的重要内容，是对网民的行为进行规范和制约的有效途径和必不可少的因素。网络育人以增强网民的法纪素质为目标，以“知法、懂法、守法”为主要内容，旨在不断增强网民的法治意识，培养一批遵法守法、严于律己的优秀网民。法律是网络育人的保障，是网民行动的尺度和行为标准，必须要对网民进行普法教育，宣传我国的法律规范知识，让网民感受法律的存在，使法律法规以及规章制度内化于网民的内心。在此基础上，还要教导网民如何运用法律。人们所学习的理论知识都是为了更好地实践，因此网民要把学到的法律知识外化于行，运用到现实生活中。网络育人能够指导网民灵活运用法律并通过法律服务于民。网民不仅要用法律知识指导自己的言语和行为，还要懂得利用法律的武器保护自身，敢于同违法乱纪现象作斗争。网络育人的法律法规内化的过程，就是教导网民知法、懂法、守法、用法的过程，人们要为这一目标努力奋斗。

（二）网络育人特殊化的表现形式

网络育人除了具备其他育人方式的共同表现形式外，还具有自身特有的表现形式，它能够在虚拟的环境中规范人际关系、提升网民的网络素养并且塑造网民的价值信仰等。网络育人以生动多元的表现形式增强了教育的效果，提升了育人的针对性。

1. 虚拟环境中规范人际交往秩序

网络育人的出现深刻地改变了人们交往的方式，其中改变最大的就是网络育人能够在虚拟的网络环境中规范人际关系，使人与人之间的交往正常、有序地进行。网络的匿名性与开放性提高了网民对网络生活的参与度，同时给网民提供了一个自由、开放的表达渠道。网络育人使不同角色、不同地位的网民都具有平等表达观点和意见的权力。网络育人环境下，网民之间的交流是平等开放的，有效地促进了人际关系的平等化。网络育人过程中教育者与受教育者分别处于网络系统的两端，双方是彼此平等的网友关系，因此双方可以敞开心扉地探讨问题、进行无障碍的沟通与交流。虚拟网络环境中的人际交往克服了传统交往模式中的心理因素、打破了现实中的身份界限、拓宽了网民的言论自由，使网民交往方式更加自由化、内容更加多样化，这在无形中密切了人与人的关系。网络育人能够通过网络渠道在虚拟的环境中对网民的人际关系进行规范，潜移默化地对网民进行教育并规范其行为，让网民在网络交往中既学会尊重他人又懂得保护自己。网络育人能够有效地引导网民规避网络环境中的不良因素，使网民形成健康的网络人格和良好的网络品质。网络育人不仅改变了网民的生活观念和交往方式，还使网民在交往的过程中不断丰富自我、规范自身的社会行为，这有利于规范人际交往秩序、解决人际冲突，推动社会和谐稳定发展。

2. 虚拟环境中提升网民的网络素养

网络素养作为每个网民都应具有的一种基本素养与技能，它在网络育人中的地位至关重要。可以说，网民的网络素养是网络育人的基础和前提，它在很大程度上影响网络育人的效果。所谓网络素养是指借助网络接近、分析、评估、创造信息以及建构和扩展虚拟社会关系网络的综合能力。网络化背景下，网民网络素养意识较弱、网络能力缺失等问题不仅淡化了网络社交，还成为引发网络暴力和网络行为失范现象的重要原因。因此，网民只有具备较高的网络素养才能更好地适应网络化时代的要求，才有助于推动网络育人的发展。在网络育人的过程中，哪里有网络，哪里就是教育的场所，所以在网络的虚拟环境中更有利于网民网络素养的提升。如今，我国网民的网络素养仍有待提升。网络育人更注重发挥自身的引导作用，帮助网民提升自身的网络素养。网络育人借助网络传输方式为网民提供网络素养教育的各类资源，通过网络媒介对网民进行科学的引导，潜移默化地教会网民辨别是非，让网民在不知不觉中增强网络意识。与此同时，网络育人注重培养网民的新媒介应用能力，网民在上网学习的过程中能够熟悉高科技产品并熟练应用多种网络工具，这有助于网民网络化应用技能的提高。网络育人还能够在隐性环境下提升网民的辨别能力和信息处理水平，提高自身免疫力。网民置身于网络空间中，每天面对大量纷繁冗杂的信息内容，这就要求网民具备较高的信息甄别能力和批判运用能力。网民只有学会科学分析信息来源的真实性、可靠性，正确辨别、评估和应用信息，具备信息应用与处理能力，才能有效地规避网络的消极影响。此外，网络育人能够增强网民的媒介素养能力，不仅可以引导网民在虚拟环境下对网络信息进行检索、甄别、过滤与选择，还能够教育网民在鱼龙混杂的网络内容中警惕网络垃圾、进行整合、处理利用，培养网民自觉抵制不良信息的能力，进而帮助网民做出正确的价值判断和理性的选择。

3. 虚拟环境中塑造网民的价值信仰

网络虚拟空间中的价值信仰塑造具备现实中的价值信仰养成的共同之处，但又具备现实中所不具有的独特之处。网络的去中心化特点使每个网民都成为一个言论的表达中心，这种“自我中心”现象往往使网民摆脱现实道德规范的束缚，造成价值观念多样化状态。加之大数据时代信息的无秩序性，使网民的价值信仰危机越来越严重，因此如何对网民进行价值信仰教育已经成为网络育人必须解决的问题。网络育人能够在隐性的网络环境里对网民进行价值信仰教育。这种价值信仰的塑造采取了一种有效的渗透模式，它能够在虚拟环境中把普遍的道德规范和价值准则以喜闻乐见、生动活泼的方式传递给受教育者，以塑造他们的价值信仰，规范网民的道德品质。一方面，在网络育人的过程中，哪里有网络，哪里就是育人的场所。因此，网民每一次在微博上的发声、QQ 动态的转载以及微信朋友圈正能量的传递等都在无形中塑造自身的价值信仰。另一方面，网络育人利用网络平台和科学的方法潜移默化地对网民进行讲解、示范和教育，并采取新颖、有趣的方式对网民进行思想疏导和价值引导，使网民在不知不觉中将外界的价值规则转化为自身内在的价值理念。这种隐性的渗透方式不仅鼓励网民接受主流的思想，还更有利于网民价值信仰的构建。此外，网络育人有效地把虚拟环境中的价值信仰塑造与现实生活中的要求有效相结合，促使网民在现实中检验自己的品行，以便更好地规范自己的行为。网络育人引导网民树立科学的价值信仰，促使网民实现自身的人生价值。

三、网络育人的主要特征

（一）网络育人过程的隐匿性

网络育人这一形式就是通过多媒体技术在隐性空间中进行知识的传递，实现了教育对象在不知不觉中学习知识进而达到教育的目的。这种全新的教育方式吸引力极强，能够使网民在日常生活中潜移默化地接受教育、耳濡目染地受到熏陶和感染。

网络载体所具备的人性化、平等性、交互式的特点，使育人的过程呈现出明显的隐匿性、渗透性特征。

首先，网络媒介更新了育人的手段，决定了育人过程的虚拟性。网络育人改变了传统的显性教育模式，改变了传统期刊、书籍等实体载体形式，而通过计算机等数字化媒介进行教育。网络信息的传播是以“比特”形式通过符号进行的，这些以“数字化”为传播的媒介形式打造了一个与现实世界相对的虚拟空间，为网民提供了一个虚拟的受教育环境。在这个虚拟环境中，网民身份和教育场景都是虚构的，因此可以说网络育人的教育基地是虚拟的，教育过程也是在隐匿的环境下进行的。

其次，网络育人把教育的目标和内容隐藏在教育载体中，从知识的发出、处理、传递到受教育者的接收、利用整个过程都是在隐性的环境下进行的，这一过程中知识体系和教育方法都是通过网络进行转换的，知识的讲授、内容的传递都是在网络环境下高效实施的。网络育人把现实教育与虚拟育人结合起来，为网民提供了丰富的资源，并通过潜移默化的方式逐渐启发网民，使网络学习人员受到熏陶和感染、愉快地接收信息，进而达到教育目的。如此一来，网络育人为网民综合素质的培养提供了良好的平台。

最后，网络育人克服了传统面对面交往的局限，可以让不同的网民个体以匿名身份抛开现实的束缚参与感兴趣的话题，在没有心理负担的情况下平等交流。在网络世界中网民的职位、动机和行为方式都被隐藏，他们没有现实身份、年龄、相貌和性别的限制，也不必考虑传统习惯和地域的约束，无论是精英还是草根都可以畅所欲言。这种平等的交流方式打破了传统教育单向传播的弊端，增加了教育主客体的双向互动。网络育人过程的隐匿性使网民避免面对面交流的尴尬，使他们更愿意敞开心扉表达自己的内心情感，特别对那些比较内向、不善表达以及具有逆反心理的网民的学习交流更加有效。网络育人抛开了网民之间的交流屏障，进一步缩短了他们之间的心理距离，更好地体现了对受教育者的理解和尊重。

（二）网络育人形式的自主选择性

网络育人作为网络环境下新型的教育形式，打破了传统教育单向灌输的教学模式，实现了信息的高度共享，给网民带来了极大的自主选择权。如今，“数字化会改变大众传播媒介的本质，‘推’送比特给人们的过程将一变而为允许大家（或他们的电脑）‘拉’出想要比特的过程。”[1]与现实课堂相比，网络育人最大的不同就是其自主性很强。这体现在网络育人重视网民的个性化发展，给予网民充分自主选择、发布信息以及参与网络活动的自由。在这个过程中，受教育者的积极性和创新能力得到进一步激发，主体地位得到提升、人格得到尊重，同时自由表达的权力也充分凸显。网络育人过程中网民完全可以根据自身的实际情况自主选择和定制其所需要的内容来学习，敞开心扉的交谈并流露自己内心的真情实感。网络育人不是一个被动接受信息的过程，而是个人自主选择与主动建构的结果，它能够在潜移默化中实现对网民的教育。与传统育人形式相比，网络育人中知识的学习是网民自我建构的过程，网民选择什么样的信息出自个人的需要，他们能根据自身条件和爱好自主选择受教育信息并进行自主学习，其实现形式是自我选择的结果。

网络育人环境下，网民不再被动地学习知识、接受教育，而是自由地选择教育内容，积极主动地交流、探索。在这里，网民不受教学计划的限制，也不受教学权威的束缚，他们之间可以平等地交流，这种自主、开放的学习方式有利于受教育者个性的培养和自主意识的提高。第一，网民对信息的选择更加自由。网络育人的信息丰富多彩，内容包罗万象，为网民传送了海量的学习资源。网民使用哪个网站、选择什么方式、浏览哪些信息、关注什么话题都是自己的自由，网民选择的权力掌握在自己的手中。网络育人方式能够让网民在最短的时间以自己喜欢的方式获取自己感兴趣的话题，浏览自己所需要的知识。第二，网民的参与意识与参与度大大提高。网络育人打破了传统自上而下、你传我受的灌输模式，开拓了一种双向互动的全新教育方式，实现了灌输式学习向参与式学习的转变。网络育人中网民之间可以摆脱身份地位的束缚、平等地交流，他们之间的沟通更加民主化，因此网民的主体地位得到提升，参与程度大大提高。第三，网民的个性化充分凸显。网络育人为网民营造了一个平等、自由的交流平台。在这一平台下，网民能够根

[1] 尼古拉·尼葛洛庞蒂 . 数字化生存 [M]. 胡泳，范海燕，译 . 海口：海南出版社，1997:103.

据自身需要进行信息的选择与获取，这使他们的个性得到了张扬，创造性得到体现，潜能得以激发。网络育人为满足网民的不同需求提供了有利场所，营造了丰富多彩的交流空间并且突破了固定不变的教育模式，更好地尊重网民的个性发展和自主的选择。这种自主选择的学习方式让网民自由自在地交流学习，不仅有利于缓解网民的压力，更有助于网民的身心健康。

（三）网络育人途径的超时空性

网络育人途径的超时空性，在很大程度上拓展了教育的时空范围，拉近了人与人之间的距离。网络育人不仅突破了传统教育模式覆盖面窄、影响范围小的缺陷，还打造了一个人人平等的共享平台。任何受教育群体都可以随时随地共享教育资源，实现零距离交流。由此，网络育人成为当代获取信息、接受教育最重要的形式。传统教育中时间、地点的选择直接关系到育人的效果，而网络育人途径的超时空性顺应了时代的要求，打破了教育的时间限制和空间围墙，模糊了虚拟与现实的界限，拓宽了教育的覆盖面和空间渠道，为知识传播提供了广阔途径，实现了弹性化的育人模式。

一方面，从时间维度来讲，网络育人实现了教育的全时化。网络育人打破了传统教育时间固定的“课时”局限，在时间安排上具有较高的自主选择权，网民可以凭自己的实际需要在任意时间进行学习。网络育人摆脱了传统“面对面”的教育形式，使教育可以随时进行，这极大地增强了网民学习的自由度和自主性。网络育人模糊了时间的概念，网民只需要一台通信设备就可以随时获取知识，实现便捷的交流。在这一过程中，网民足不出户就能够知道天下事。不同身份职业、不同文化层次的网民还可以通过网络在任何时间、以自己便利的方式通过文字、图片、视频、声音等渠道获取全球范围最前沿的信息，进而在网上尽情地沟通交流、共享资源，以达到学习的目的。

另一方面，从空间维度来讲，网络育人实现了教育的全球化。传统教育必须具备固定的场所，而网络育人真正突破了空间场域的阻隔，缩短了知识传播的距离，实现了空间的高度开放和远距离教育。网络育人跨越性地改变了传统的教育方式，通过遍布在世界各个角落的网络媒介为网民提供教育信息，即使相隔万里的人只要轻点鼠标就能共享信息、交流观点等。网络育人打造了一种宽领域、流动性的课堂，使教育不再囿于课堂之内，教育者也不必受工作地点和地理距离的限制。网络育人中网民接受教育的地点比较灵活，不论网民身处何处都可以根据自身要求，通过任意一个网络设备搜集信息、接受教育、交流观点，这种受教育方式激发了网民的求知欲，增强了学习的积极性、自主性。网络育人中受教育者的互动范围无限扩大，网民可以在不同地区、不同国家同时接受同一种教育，按照自己喜欢的方式进行学习，跟自己志同道合的人共同进步，这不仅增加了彼此之间的沟通，还提升了教育的效果、增强了育人的效率。

（四）网络育人结果的不确定性

网络育人过程中信息资源都是开放共享的，网民可以通过自己喜闻乐见的方式了解最新动态、浏览新闻网页、关注时事并发表观点等，这让网络育人名副其实地成为网民学习知识、融入社会、表达观点的重要方式。网络育人形式具有传统教育无法匹及的优势，但网络自身所呈现的匿名性、自由性以及网民的多元化等特点使网络上的思想内容积极与消极并存，使网络育人结果仍存在一定程度的不确定性。

首先，网络育人范围的广泛性和对象的多元化造成网络育人结果的不确定性。一方面，网络育人涉及的范围极其广阔，大到国家热点问题的探讨、小到个人思想观点的表达都是网络育人的范畴。如此广阔的网络虚拟空间和各式各样的网络问题很难加以规范和管理，容易导致育人结果的不确定性。另一方面，网络的高度自由、匿名特点和平等性强等特征使教育者的主体地位不断被弱化。与传统育人方式相比，网络育人中教育者与网民的地位逐渐趋于平等，主客体的界限变得越来越模糊，因此网络育人的对象也具备多元化和不稳定的特点，这也使网络育人的结果无法预计。

其次，网络知识的多样化和信息更新的迅速性导致网络育人结果的不确定性。网络为网民呈现了海量而丰富的信息，但这些网络信息资源处于一种无法控制的状态，往往缺乏有效的监管和控制，造成瑕瑜并存、泥沙俱下的状态，对网络育人结果产生负面影响。同时，网络的及时性和开放化使网络信息更新的速度非常快，任意一个热点引发的涟漪都能够马上遍及全球。此外，网络育人的内容也是紧跟时代主题、突出新颖性，然而旧的议题还没讨论结束新的议题就已经开始出现，这种新旧议题的交叉冲突往往造成网络育人结果的不确定性。再加上网络知识呈现多样化状态，使一些虚假、不良信息混杂其中，一定程度上削弱了网络育人的作用，危害网络育人效果。

最后，网络环境的不可控性和不确定性影响网络育人的结果。相对于传统教育环境来讲，网络给网民提供了一个开放、自由的交流环境，任何受教育客体都可以在网上发表言论、交流观点。然而，网络环境的不可操控性和无序化状态导致网上资源泛滥成灾、信息内容纷繁冗杂、信息垃圾不断等局面，这增加了网络育人的复杂性，影响了网络育人的结果。

第二节　自媒体时代高校德育的挑战与有效性策略

一、自媒体时代高校德育的特征

与传统大学生道德教育封闭、一元主导、被动接受、灌输式的特征有很大不同，自媒体时代的大学生道德教育呈现出了开放、多元、自主、互动的全新特征。

（一）开放性

自媒体的开放性特征决定了自媒体时代大学生道德教育的开放性。自媒体已经成为大学生道德教育的新型载体，为大学生道德教育提供更加丰富的教育资源和信息，拓宽了大学生道德教育的渠道。自媒体是对所有人开放的，任何身份的人都可以通过自媒体平台提供大学生道德教育的相关信息和资源。所有的大学生道德教育主体皆可以自主选择自己喜欢的方式，进行大学生道德教育信息的传播以达到道德教育的目标。自媒体打破了传统道德教育把学校封闭起来与社会、家庭隔离的状态，把学校、家庭和社会三者紧密联系起来形成一个全方位开放的大学生道德教育的有机统一的整体，在这个开放的整体中，大学生同时也是道德教育过程中自我教育的主体。

（二）多元性

传统大学生道德教育是以教师为中心的一元化的教育，进入自媒体时代，受到自媒体参与者多元化的影响，大学生道德教育也呈现出多元化的特征。具体体现在以下四个方面：首先，大学生道德教育主体的多元化。在自媒体空间来自各行各业的精英人士的行为本身就是大学生道德教育的强有力的榜样资源，现代大学生特别喜欢追捧、模仿一些明星名人，各行各业的精英人士的成功也对大学生的道德素质的提高提供了鲜活的模仿目标。其次，大学生道德教育目标的丰富化。自媒体时代教育者可以通过自媒体了解大学生的具体思想道德水平，根据其具体情况在保证长远大目标的前提下制订具体的差异化的道德教育目标。再次，教育方式上的灵活化。教育者通过自媒体平台可以灵活运用多种显性或隐性的方式进行道德教育。最后，教育内容的生动化。自媒体可以把马克思主义理论、中国特色社会主义理论体系等理论化内容转化为动态化、立体化的一张图片、一段视频或者是一场“微辩论”，贴近大学生的实际学习生活，使其更加生动形象、更有感染力。

（三）自主性

在传统大学生道德教育模式下，学校和教师在整个教育过程中始终占据主导地位，从教材的编写、选择到教学目标的确立再到教育效果的评估都是教师主动灌输，学生被动接受，存在较大的信息不对称。教师是大学生道德知识和信息的主要来源，在知识信息的获取过程中没有选择权，而自媒体为大学生道德教育提供了海量、丰富的教育资源和信息，这些资源和信息是开放的，大学生可以自主选择在什么时间、地点浏览哪些信息来吸收并将其内化为自身的良好道德观念，进而转化为自己的优良道德行为。对于大学生而言，他们认同哪些观念和信息，不认同哪些观念和信息，要不要传播给更多的人，这些都由他们自主选择并做出决定。

（四）互动性

在传统传播媒介时代，大学生道德教育主要是以教师为中心的教育活动，在此过程中，教师处于一种积极主动灌输的地位，师生关系是“你讲我听”“课上听，课下扔”，大学生处于被动接受或是被迫灌输的状态。而自媒体时代，自媒体所提供的海量信息及其传播的即时互动性在对大学生群体中传播中国优良的道德观念有着强大的优势，它极大地增强了道德教育的影响力，为大学生道德教育工作提供了丰富的内容和广阔的平台。自媒体平台打破了传统道德教育以老师为知识中心的呈现方式，使教师和学生处于平等地位，这种地位的转变让学生和老师对信息资源的接收利用更加自由，消除了两者之间的信息不对称，形成了新的互动式教学，并且教师和学生两者的角色融合性更强。例如，对某一信息的认知和理解，有时学生比老师理解得更为深刻透彻，这时大学生就成为教育者而教师就成为受教育者，在此种情况下自媒体空间就形成了相互学习、探讨式的教学情景，使教育效果大大提高。

二、自媒体时代高校德育面临的挑战

自媒体的快速发展在为大学生道德教育带来一系列便利的同时，也为大学生道德教育带来了严峻的挑战，表 5-1 是对海南省部分高校大学生对自媒体时代大学生道德教育面临的主要挑战的看法的抽样调查数据。

表 5-1 高校道德教育面临的挑战主要来源调查

选 项	人 数（人）	百分比（%）
教育观念	399	83.36
教育方式方法	285	61.69
教育对象与主体	267	57.79
教育资源	312	67.53
教育环境	59	12.66

（一）道德教育观念的挑战

随着自媒体的不断发展，自媒体参与者的主体意识和主体地位不断增强，发达的网络使大学生在信息获取方面更加快捷、方便，这就加强了他们在各方面的参与心理和动机。而当前高校大学生道德教育仍然存在单方面灌输及单纯把教师作为与学生对立而存在的对学生进行道德教育的唯一主体的观念。随着自媒体参与者群体数量的急剧增长，来自社会各界的人士不断参与到自媒体行列，随之而来的是他们不同的价值观念和处事方式的涌入，这些都对大学生道德教育观念提出了挑战。与此同时，随着自媒体平台的规范化、专业化的不断发展，大学生可以随时随地及时地从自媒体平台获取各种各样所需要的信息，这对于传统的教师权威提出了严峻的挑战。

自媒体的发展使世界各地的价值观念和道德观念相互传播和影响成为必然，外来的多元价值观念更是对传统道德教育观念提出与时俱进的要求。以手机等移动电子设备为依托的自媒体平台为大学生提供了大量的信息资源，拓宽了大学生的认知渠道，使大学生可以依据自己的个人兴趣和需要，通过微信公众号、新闻客户端等平台迅速了解、掌握世界各地的政治、经济、文化、教育、科技等方面的相关信息。而以手机为代表的移动电子设备的便携性、即时性和个性化能够让大学生及时获取最新资讯，甚至在某些情况下大学生获取信息的速度远远超越教育者，有相当一部分大学生已不再轻易接受主流媒体或教育者的单向灌输，教育者的信息先得优势地位被改变，传统道德教育中教师的主导地位受到很大挑战。

（二）道德教育资源的挑战

1. 信息源的不可控制性

传统媒体时代，大学生道德教育的资源和信息来源主要有书籍、杂志、报纸、广播、电视及专业的大学生道德教育的教师群体。这些资源信息的源头都是有专业人士把关的，他们把有利于大学生道德教育工作开展和有益于大学生道德素养提高的信息资源筛选后再经过各种教学活动传递给大学生。而自媒体空间是开放的，所有参与自媒体活动的主体都可以把他们自己认可的关于道德素养的信息资源通过自媒体平台传播给大众，传统媒体时代信息的“把关人”的功能和地位不断弱化。自媒体时代信息“把关人”的缺失导致海量碎片化的、对大学生道德教育活动具有侵蚀性的负面信息泛滥成灾，虽然以微博、微信为代表的自媒体平台对信息的发布已有相关的审核及监督举报措施，但受限于科学技术因素，这些措施相对于高速传播的信息而言是远远不够的。

2. 信息内容的复杂性

中国本就是一个人口大国，网民数量自然也就比较庞大，自媒体是一个开放的空间，准入门槛低，社会各阶层、各行业人员都可以成为自媒体的运营者或参与者。而这些运营者或参与者受到个人知识水平、认知能力、生活环境、利益关系等因素的影响，其在自媒体平台所进行的信息生产、编辑、发布、传播行为都出于个人自由自愿，这些信息带有强烈的个人观点和个人情绪。与此同时，自媒体的匿名性一方面为大众畅所欲言发表自己的真实想法提供可能，另一方面让一些自媒体参与者因缺乏责任心和专业严格的监督而滥用媒介权力传播负面信息，导致自媒体空间信息复杂多变、真假难辨，而且上述情况为当前的大学生道德教育带来了很大阻力和困难。

3. 信息传播的高效快捷

自媒体打破了传统媒体对信息的垄断和控制，真正实现了新闻的公共性，增强了公民的民主参与意识。自媒体的传播区别于传统媒体的运行方式，其传播过程相对于传统媒体省去了印刷、制作、运输、发行等这些复杂的中间环节，能在瞬间传递给大众，并且自媒体信息的发布者和制作者可能就是当事人，或者是新闻现场的目击者。自媒体所传播的信息内容还可实时更新，具有超强的时效性，这是传统媒介难以比拟的。自媒体凭借网络“高速公路”的信息传递优势，让全球突发事件信息都能在第一时间传输到大众面前，大众也可通过自媒体平台及时发表对某些突发事件的观点和看法，甚至还可提供一些行之有效的建议，自媒体的双向互动性更使其信息传播的效率大大提高。

（三）道德教育方式方法的挑战

自媒体最大的特点是即时互动性，它能够实现点对点、点对面、点对线、线对线等的网格式交叉互动信息传播，并且能够实现图文、音频、视频的同步在线，这也是自媒体能够吸引大学生群体积极参与自媒体活动的重要原因。自媒体这种灵活多样且可以自由表达的方式，对当前大学生道德教育所采用的单纯理论灌输、说教式等方式方法提出了挑战。自媒体时代的大学生在知识结构和思想价值观念方面呈现多元化的特征，传统的大学生道德教育纯理论填鸭式的满堂灌教学方式的缺点更加凸显。如何充分利用自媒体的各种优势，结合大学生的思维模式和心理活动规律，采取创新型的教学实践方式是自媒体时代大学生道德教育在教育方式方法上所面临的一个重大挑战。

（四）道德教育对象与主体的挑战

在自媒体空间，大学生拥有自主选择信息的权力，他们对道德教育主体传播的道德教育信息关注度有所不同。根据对某高校部分大学生关注自媒体平台上有关道德教育信息情况的调查数据（表 5-2），仅有 1/3 左右的大学生会积极关注，超过 1/2 的大学生仅在闲暇时或许会关注。总体上看，大学生对自媒体平台上的道德教育信息的关注度有待提升。

表 5-2 大学生关注自媒体平台上有关道德教育信息的调查

选　项	人　数（人）	百分比（%）
积极关注	153	33.12
不会关注	21	4.55
闲暇时或许会关注	270	58.44
太多余	18	3.89
总计	462	100

在自媒体空间，大学生是否关注道德教育的相关信息是道德教育活动能否发生的关键。大学生本应是大学生道德教育的对象，但在开放的自媒体空间，当大学生面对海量、复杂、碎片化的信息时，由于其缺乏相关的信息判断和鉴别能力，无法在有限的时间筛选出有效的道德教育信息，致使道德教育主体作用无法发挥，进而导致教育过程难以形成、道德教育效果难以体现。

（五）道德教育环境的挑战

在社会转型时期，多元价值观的竞相涌入和相互竞争，导致价值混乱，让我们无法做出正确的价值判断，这同时也干扰了大学生的价值选择和品德建构。但家庭和社会中许多正面、善良的价值对学生的熏陶与教育并不能就此被否定。在传统媒介时代，大学生道德教育环境主要以校园为主，而校园又以课堂为主，因此大学生道德教育所传播的信息都是经过专业筛选和专门批准的。高校大学生所接触到的往往都是积极、正面的信息，即使有一些负面的信息也能及时在老师的引导和疏通下得到很好的遏制。近年来，教育界一直倡导构建社会、学校、家庭“三位一体”的道德教育环境，但受限于各种因素，迄今为止“三位一体”的协调作用的道德教育环境仍没有很好地发挥作用，所以自媒体时代的到来让大学生道德立体式生态型环境建设迎来新的挑战和机遇。自媒体时代人人都是麦克风，在这样的情况下，充分发挥自媒体的优点并将其应用在大学生的道德教育中将会更利于对大学生进行针对性的道德教育。

三、自媒体时代高校德育有效性策略

大学生群体是社会的精英，大学生道德素养的提升，关乎国家形象和民族未来。在自媒体时代，不断提高大学生道德教育的有效性，提高大学生的道德素质水平，树立更好的国民素质形象，对实现中华民族伟大复兴“中国梦”意义重大。

（一）道德教育观念的切实转变

科学的与时俱进的教育观念对国家教育的长远发展具有总揽全局的指导意义，大学生道德教育是整个教育系统的一部分，因而不断更新、转变道德教育观念，适应时代发展需求对提高新时代道德教育有效性至关重要。当前，我国大学生道德教育的部分观念还相对滞后，已经严重制约了自媒体时代大学生道德教育的创新发展，因此切实转变道德教育观念，对提高自媒体时代大学生道德教育的有效性具有重要指导意义。

1. 由灌输性教育转变为共享性教育

受社会教育发展历史的影响，传统媒体时代大学生道德教育教师在教育资源和信息方面掌握着绝对优势，在大学生道德教育过程中一直坚持由教师主导的灌输性教育观念，而这种单方面注重教师在大学生道德教育过程中的知识性灌输忽略了学生主观能动性的发挥，导致大学生道德教育效果欠佳。进入自媒体时代，开放的自媒体网络空间让教育资源和信息能够同时到达教师和学生面前，实现了教育信息资源的实时共享。由于传统媒体时代教师的教育资源信息的优势不复存在，高校必须正视新的变化，转变传统的灌输性教育观念，在大学生道德教育过程中坚持共享性教育观念，适应时代发展，提升大学生道德教育的效果。

2. 由控制性教育转变为自主性教育

传统媒体时代的大学生道德教育在教育资源和教育过程，和大学生所处的校园环境等方面都是经过政府相关部门的严格审核和把关的，整个大学生道德教育都是在可控范围的。这样保证了教育效果的纯粹性，但同时也限制了大学生的多元思维和创造性思维的发展，一旦大学生遇到与他们所接受的道德观念不一致的情况，特别是受到一些不良思潮的影响，大学生很容易出现极端选择。自媒体时代公开、共享的信息为大学生自主选择教育资源和信息提供了便利，这要求高校大学生道德教育的观念必须从控制性教育向自主性教育转变，不断适应自媒体时代大学生日渐觉醒并快速增强的自主意识的发展趋势。大学生道德教育的教师要从知识传播者向引导合作者转变，只有如此才能真正挖掘出大学生的最大潜质和能力，充分调动大学生的主观能动性，积极发挥其在大学生道德教育过程中的主体作用。

3. 由课堂教育转变为生活性教育

传统大学生道德教育把整个教育过程和行为局限在时间和空间都相对固定和狭窄的课堂之中，割裂了道德教育与大学生的实际学习生活之间的联系。大学生在把道德知识和观念内化的过程中缺少了实际生活的体验环节，导致大学生难以把相关的道德观念真正内化于心，从而难以外化为文明的道德行为。著名教育家杜威认为："生活就是发展，而不断发展、不断生长，就是生活。"因此，教育最好的方式就是从生活和经验中学习。

自媒体时代背景下，大学生对课堂理论教学的兴趣大大降低，他们更加注重从自身生活实践体验过程中获取知识和信息。因此，教育者应紧密结合大学生的实际心理和生活需求，把道德教育从课堂扩展到大学生学习生活的每个角落，真正把道德教育转变为一种生活性教育，在日常生活的点滴细节中渗透道德教育。

（二）道德教育方式方法的有效改进

灵活多样的教育方式和方法能够让教育过程充满趣味和活力，增加教育过程的吸引力和号召力，使教育效果大大提升。自媒体时代的大学生拥有更多的教育资源和信息的选择权，因此大学生道德教育的教师要不断改进和创新道德教育的方式和方法，才能在教育活动中吸引学生的注意力，进一步提高道德教育的效率和效果。

1. 注重价值澄清教育法的运用

价值澄清法亦称"价值观辨析"，它是一种强调通过学生思考、辨明和确认价值观的道德教育方法。该法提出于20世纪50—60年代，主要代表人物有美国教育心理学家拉斯、西蒙和哈明等。他们主要是通过提问、讨论与练习等方式鼓励学生自己去发现、考虑、检验、选择或更新其已有的价值观念，从而形成社会所要求或认可的积极的社会态度和价值观。他们认为，价值澄清的中心点是帮助学生利用情绪体验及理性思维来检验自己的行为模式，辨析和实现其价值观；通过交流，鼓励学生辨认自己的价值观与其他价值观的关系，揭露并调解价值冲突，从而根据自己的价值选择做出符合自身价值观的行为。价值澄清教育法在我国的大学生道德教育过程中一直存在，但使用频率相对较低，随着我国进入自媒体时代，受到自媒体网络空间开放性、多元性、共享性的影响，世界多元化的价值观念不断涌入，这就对我国社会主义的主流价值观念造成了巨大的冲击。大学生已成为自媒体的主力军，而西方国家正在利用互联网在全世界范围内推行西方意识形态和价值标准，此时处于价值观和人生观还不够成熟时期的大学生对新生事物的辨别能力还相对比较缺乏，难以抵挡西方的"文化污染"。因此，在自媒体多元价值观并存的环境下，把价值澄清教育法作为大学生道德教育的主要方式方法势在必行，在不断地引导大学生评价各种价值观过程中，强化其对社会主义核心价值观的认同并内化于心、外化于行对提高大学生道德教育效果作用巨大。

2. 变灌输式为交流式、讨论式

灌输式的教育方法能够在我国的教育体制当中长期存在并占据主流地位，是建立在传统媒体时代教师和学生在教育资源和信息不对称的基础之上的。而自媒体的出现打破了教师在传统媒体时代教育资源和信息方面所拥有的优势局面，实现了教育资源在教师和学生之间的平等、公开、自由获取。同时，自媒体实现了教师和学生之间的平等交流和沟通。因此，高校应顺应时代变化，有效利用自媒体平台减少灌输式方法在大学生道德教育过程中的应用，充分利用自媒体的优势，尽可能多地运用交流、讨论式的教育方式，在与学生交流和讨论的过程中潜移默化地对大学生的道德观念和行为进行渗透和完善。

3. 网络辅助课堂

大学生道德教育要在发挥课堂教学主渠道作用的基础上，充分利用自媒体网络空间在教育资源和信息的海量丰富、可复制及反复接收传播的优势来辅助课堂教学，提升大学生道德教育的实效性。自媒体网络能够方便教师在短时间内将大量的教育资源和信息上传到自媒体平台，让学生可以不受时间、空间的限制而随时随地学习和巩固相关知识，而教师也可以通过学生的学习情况进一步深入了解每个学生的知识水平、兴趣爱好来制定个性化的教学方案，做到因材施教。大学生也可依据自身的水平、经验、特长、爱好等有重点、有目标地选择适合自己个性化需求的教育资源和信息。通过自媒体平台，教师和学生还可以实时在线就学生在学习过程中遇到的问题和困惑进行互动探讨，这样学生的疑惑可以得到解答，而教师也可在这一过程中收获多元思维教学的启发并运用到之后的教学过程中，大大提高学生学习效率，提升道德教育效果。同时，高校还可以把各类学科知识及实践活动有效地结合，最大限度地发挥它们各自的优势，从不同的侧面培养大学生的思想道德品质。比如，将音乐、影视传播、动漫制作、信息科学、思想政治理论等学科知识人才进行整合，合力制作具有正向价值导向的动漫、动画、影视片，借助自媒体平台等渠道进行传播，以促进受众的健康发展。

4. 道德教育主导者自身素质的进一步提升

教育是关系国家前途和民族命运的百年大计，而教师是教育大计的根本。作为大学生道德教育主体之一的教师，在整个大学生道德教育过程中占据着重要的地位并发挥着关键性作用。在自媒体时代，大学生道德教育的观念、目标、内容、方式方法、技术手段和教育环境都发生了巨大变化，因此与时俱进地更新自身的教育理念，提升专业知识和能力已成为当前大学生道德教育教师的必修课程。习近平总书记在全国高校思想政治工作会议上指出："长期以来，高校思想政治工作队伍兢兢业业、甘于奉献、奋发有为，为高等教育事业发展作出了重要贡献。"同时，习近平总书记还特别强调："要拓展选拔视野，抓好教育培训，强化实践锻炼，健全激励机制，整体推进高校党政干部和共青团干部、思想政治理论课教师和哲学社会科学课教师、辅导员班主任和心理咨询教师等队伍建设。教师是人类灵魂的工程师，承担着神圣使命。传道者自己首先要明道、信道。"因此，教师更应做到："坚持教书和育人相统一，坚持言传和身教相统一，坚持潜心问道和关注社会相统一，坚持学术自由和学术规范相统一，引导广大教师以德立身、以德立学、以德施教。"教师是大学生道德教育的"领路人"，大学生道德素养和专业素质的提升，是自媒体时代提高大学生道德教育有效性的重要途径之一。

（1）提升道德教育主体政治素养。自媒体时代网络信息繁杂混乱，西方资本主义腐朽思想变化各种方式渗透我国人民的生活。习近平总书记在全国宣传思想工作会议讲话中明确指出："宣传思想工作就是要巩固马克思主义在意识形态领域的指导地位，巩固全党全国人民团结奋斗的共同思想基础。"因此，大学生道德教育的师资队伍建设首先应该考虑的就是通过不断地学习马克思列宁主义、毛泽东思想、邓小平理论、"三个代表"重要思想、科学发展观、习近平新时代中国特色社会主义思想，提高大学生道德教育教师队伍的理论水平，坚定其政治立场，为他们在教学实践活动中能够有更好的理论指导提供思想保障。大学生道德教育的主体——教师拥有坚定的政治立场和牢固的社会主义核心价值认同，这是他们在自媒体海量、复杂的信息海洋环境里正确引导大学生进行教育信息和资源选择、吸收的基石，是大学生良好社会主义道德素养养成的指路明灯，能够有效避开西方资本主义不良道德思想和价值观念的侵扰和腐蚀。

（2）提高道德教育主体的自媒体技术水平和参与度，不断提高大学生道德教育教师们的自媒体参与度。自媒体深入大学生学习生活的方方面面，已成为大学生的一种生活方式，他们生活的点滴及心理情绪的细微变化都能通过其在自媒体平台上的行为表达出来。大学生道德教育是一种改造人们主观世界的实践活动，要想更好地培育大学生良好的道德观念就必须全面了解大学生，而提高教师的自媒体参与度有利于教师更好地了解和把握大学生的学习和生活及心理活动等各个方面的发展变化，进而更有针对性地制订相关教学计划，进一步提高大学生道德教育的实效性。

大学生道德教育的教师队伍中各年龄层次的人员都有，而自媒体是一种新兴媒介形态，对于年轻教师来说，他们的接受速度较快、接受能力较强，因此把自媒体运用到教学过程中难度不大。但由于专业性的限制，年轻教师在自媒体技术方面还会存在欠缺，而对于年龄稍大的教师来说，他们对自媒体的接受和应用相对较慢，因而运用开设专业课程和讲座等形式加强大学生道德教育主体教师们的自媒体技术水平教育，举办各种形式的教学实践竞赛活动，提高大学生道德教育教师的自媒体参与度是大学生道德教育适应时代发展的必然。

（三）大学生自律意识与自我道德教育的加强

人是社会道德价值的绝对依据，社会道德是人类自己为自己立法，是人类自身意志自觉自律的体现。康德认为："人是生活在目的的王国中。人是自身目的，不是工具。人是自己立法自己遵守的自由人。"自律是一个人高尚道德修养的外在体现，大学生是国家的青年精英群体，其道德水平直接影响全体国民素质的水平，自媒体时代更要加强大学生自律意识和自我道德教育。

1.提高大学生自律意识

自律是道德的内在要求，较强的自律意识是大学生良好道德行为的根本保证。而大学生自律意识的提高需要大学生道德教育的主体即大学生道德教育教师对其进行有意识的引导，让大学生的自律意识在不断地对自己的道德行为的自我评价、自我分析、自我监督及自我控制的过程中得到锻炼和增强，逐步提高自身的道德判断与评价能力，做出正确的道德选择。大学生要学会坚持自省、慎独，在成长过程中对自身行为持续不断地进行自我检查、自我约束和自我管理，积极主动遵循道德准则，提升自身素质，在复杂多变的社会环境中坚守道德底线，进一步提高自己的道德水平，为社会大众树立良好的道德榜样。

2. 拓宽大学生自我道德教育渠道

青年大学生正处于学习的黄金时期，学习应该是其首要任务，大学生应该把学习作为一种责任、一种精神追求、一种生活方式，树立梦想从学习开始、事业靠本领成就的观念，让勤奋学习成为青春远航的动力，让增长本领成为青春搏击的能量。大学生应在教师的指导下积极自觉培养自身学习理论知识和运用相关理论指导实践的能力。学习、运用知识的能力，是学生成长、发展的能力。高校要提高大学生对自媒体的整体认知度，开设专业课程帮助大学生深入透彻地认识自媒体的内涵、特征、功能及自媒体平台的运作方式等，为大学生更加合理运用自媒体实践道德教育相关理论，内化道德教育理念，提高道德素养打好基础。同时，高校还要引导大学生积极主动借助自媒体这一道德教育的实践工具，不断把道德教育过程中的理论观念进行实践检验，并进一步优化道德教育的相关理论，进而提高大学生道德教育的实效性。自媒体时代，大学生道德教育要充分利用课堂教学主渠道，同时要拓宽社会实践、校内大学生艺术表演和微型网络影视剧创作表演以及挑选优秀大学生道德模范开办道德论坛等渠道。

3. 增加大学生道德实践机会

我国大学生道德教育的根本目标是培养具有良好道德修养、身心全面健康发展的社会主义建设者和接班人。习近平总书记在北京大学师生座谈会上的讲话指出："扎扎实实干事，踏踏实实做人。道不可坐论，德不能空谈。……只要坚韧不拔、百折不挠，成功就一定在前方等你。"但道德教育的教育效果最终是要在实际生活的实践中体现和检验的。培养高水平道德素养的大学生，除了在道德观念的认知和理论方面进行必要的理论及准则的思想方面的培育外，还要更加注重道德实践。高校在大学生道德教育过程中承担着极其重要的作用，它是联系学生与社会的桥梁，可以通过与社会相关的公益机构、企业、社会组织、志愿服务机构等的联系为大学生创造更多的道德实践机会，不但可以检验高校大学生道德教育的教育效果，为进一步改进教学活动、提高道德教育效果提供经验，而且可以让大学生在现实生活中把自身所学的道德教育的知识和理论在实践中进一步内化，真正转化为内心的道德理念，外化为文明的道德行为。

（四）良好的道德教育环境的创造

“蓬生麻中，不扶而直；白沙在涅，与之俱黑。”人人都耳熟能详的“孟母三迁”的故事深刻而又形象地诠释出环境对一个人成长的重要性。良好的道德教育环境是大学生道德教育取得良好效果必需的外部条件。

1. 加强社会主义精神文明建设，创造良好的社会环境

在当前互联网时代，一些不良的思想和价值观念（如拜金主义、享乐主义、道德虚无主义、责任意识淡薄等）对我国的国民道德素养提升带来了一系列的消极影响，这也给正处于价值观念和道德素养形成并趋向稳定的关键时期的大学生造成了错误的导向。

习近平总书记在会见第四届全国道德模范及提名奖获得者时强调：“要把培育全社会的文明道德风尚作为重要着力点，坚持正确的价值取向、舆论导向，坚持以文化人、以文育人，弘扬真善美、贬斥假恶丑，推动形成知荣辱、讲正气、作奉献、促和谐的社会风尚。”自媒体时代背景下，要进一步加强社会主义精神文明建设，大力弘扬社会主义核心价值观，在全社会逐层分级有重点、有目标地进行社会公德、家庭美德、职业道德和个人品德的宣传培育工作，形成全民讲道德、树新风的文明、和谐的社会环境，为大学生道德教育提供良好的外部环境。

2. 加强网络监督管理，净化自媒体环境

当前我国已进入自媒体时代，国家网络基本实现了跨越式发展，技术发展更是日新月异。但我国在网络技术监督体系方面的建设却未能及时跟上其发展的步伐，西方国家利用其在网络技术方面的优势和我国网络监督体系的漏洞，不断通过网络自媒体向大学生渗透其腐朽的思想和文化，想借此来打击我国的社会主义制度。因此，在自媒体时代背景下，加强网络自媒体的监督管理是净化网络生态、维护国家安全的必要措施。尤其要重视虚拟道德环境有促进人的发展的言论及文化形式的集聚，以充分借助自媒体平台发挥其引导社会思潮、疏导社会心理、促进社会主流价值观念发展壮大、推动大学生全面发展的重要作用。

（1）加强技术创新。拥有自主知识产权的互联网技术是从根源上保障网络安全的关键举措。科学技术是第一生产力，在自媒体时代背景下更是如此。

（2）建立和完善网络监督管理的相关法律法规体系。互联网虽有其虚拟

性的特性，但它还是现实生活世界的延伸和拓展，只要是人活动的区域都应该遵守一定的法律法规和相应的规则。

（3）加强自律教育，建立监督机制。加强网民自律教育，建立相互监督机制，全方位加强网络自媒体的监管，为大学生道德教育提供更加安全和纯洁的自媒体环境。

3. 加快和谐校园建设，创造美好校园环境

校园是大学生生活和学习的场所，因此大学校园环境对大学生健康身心的发展、正确价值观的形成、高尚道德情操的养成以及健全人格的完善具有重要意义。习近平总书记在全国高校思想政治工作会议上强调："要更加注重以文化人、以文育人，广泛开展文明校园创建，开展形式多样、健康向上、格调高雅的校园文化活动，广泛开展各类社会实践。"建设和谐校园文化环境，一方面要用好高校传统自办媒体，如学报、校报、校园广播、校园宣传栏等，传统高校自办媒体在信息源的控制和筛选方面相对较为严格和规范，所发布的信息更具权威性、可信度更强，在自媒体时代更要用好这些传统媒体加强社会主义核心价值观和中华优秀传统文化的宣传和弘扬；另一方面也要充分利用自媒体这一新型传播媒介，它具有传统媒体不可比拟的开放性、互动性、即时性、广泛性等优势特点，并且作为新兴事物更符合大学生的需求。高校应通过自媒体平台把社会主义优良道德品质和优秀传统文化更加新颖、更加生动形象地展示给大学生，特别是把道德教育内容融入最新的微电影、短视频等新形式中，让大学生能够在娱乐的同时潜移默化地提高自身道德素养。

（五）道德教育资源的有效整合

自媒体时代道德教育资源和信息的海量和碎片化特点要求大学生道德教育必须利用自媒体平台对教育资源进行有效整合，做到有的放矢地提高大学生道德教育的效率，提升大学生道德教育的效果。习近平总书记在全国高校思想政治工作会议上指出："要运用新媒体新技术使工作活起来，推动思想政治工作传统优势同信息技术高度融合，增强时代感和吸引力。"道德教育是思想政治工作的重要组成部分，在自媒体时代提高自媒体平台在大学生道德教育过程中的灵活运用是时代发展的必然要求。

1. 建设高校专业道德教育自媒体平台

在自媒体时代，高校要利用一切有利条件建设高校自媒体服务平台，充

分结合大学生身心发展规律，通过自媒体平台就大学生关注的热点敏感事件和话题建立与大学生的互动对话机制，充分利用自媒体即时、高效、面广的优势，立足大学生的日常生活问题，在平等对话中为他们答疑解惑、进行心理辅导及职业规划和咨询。根据海南省部分高校大学生问卷调查的数据显示，我国高校现阶段已经意识到大学生道德教育在整个教育体系中特别是在高等教育中的重要地位，清晰地认识到自媒体在大学生道德教育过程中强大的吸纳和辐射功能与作用。高校应鼓励大学生在高校自媒体平台发表自身对社会热点事件、时政新闻、文哲史等方面的观点和看法，引导他们从积极的角度思考问题，激发大学生的积极性和主动性，培育他们的创新思维和独立思考、独立判断的能力，自觉把高校德育内容进行内化，进而增强高校大学生道德教育的实效性。

2. 用好微博、微信等公众自媒体平台

自媒体打破了时间、空间的限制，实现了师生之间、同学之间零距离的实时信息传递。比如，刚进入大学校园的新生对新鲜的大学生活缺乏清晰的认识，而高校所开展的新生教育多以讲座形式进行，更多的是一种普及性教育，时间较短，缺乏针对性，因此对大学新生的帮助有限。这时同校的一些权威教授、知名学者和优秀校友的微博、微信等，为迷茫的大学新生快速适应并融入全新的大学校园生活提供了很大的帮助。高校应利用微信、微博等自媒体平台，针对大学生关心和关注的社会、经济、政治、文化及生活等方面的热点问题和事件培养意见领袖，引导大学生养成良好的道德修养。

第三节　自媒体时代高校网络德育现状及对策

一、高校网络德育的基本理论

（一）网络德育的内涵

1. 网络德育的概念界定

对网络德育概念的界定，学术界存在多种观点，但是没有形成统一的意见。综合来看，可以三个不同的侧重点对网络德育的概念进行研究定义。

第一个侧重点是开展德育工作借助的外在力量的支持。比如，网络德育是指运用计算机技术和网络技术的手段，围绕现代德育目标和内容，开展德育管理和一系列德育活动的过程。这种概念的界定，突出了在实施网络德育过程中使用的网络技术，网络德育的网络技术优势被体现出来。但是由于过分地强调网络技术工具的使用，网络德育的其他本质性的特点被忽略，这种定义存在局限性。首先，此种定义过分强调了网络技术手段在德育过程中的作用，这种手段的水平是德育效果的决定因素。如果这些先进的网络技术手段能够高效地被德育工作者吸收，并应用于实践当中，就会增强网络德育工作的影响力；相反，如果德育工作者不能很好地学习、掌握这些技术，或者掌握了但是不能很好地应用到实践当中，网络德育的效果就会不理想。其次，此种定义更多地关注工具的使用，忽视了网络德育对象在德育过程中所展示出来的主体性。

第二个是强调德育的范畴、空间领域。比如，网络德育是指在局域网（LAN）和广域网（WAN）上所开展的一系列德育活动，对网民所施加的思想观念、政治观点、道德规范和信息素养方面的影响，使他们形成符合网络社会发展所需要的思想政治品格。首先，此种定义重点强调的是网络德育在实施德育的空间范围的变化，淡化了网络德育在内容方面发生的变化，忽视了网络德育资源内容的创新性，弱化了网络德育对象的主体性。其次，侧重德育范畴的概念界定，虽然重点强调了网络德育的实施范畴，但是网络的开放性、虚拟性等特点使网络德育的实施范畴又是无边的。最后，侧重德育范畴的概念界定，虽然在网络德育实施范畴上有了新的创新界定，但是完全忽略了德育对象的主体性，概念中没有提及网络德育较传统德育在德育对象主体性方面的改变。

第三个侧重点是德育价值。网络德育是指运用网络技术手段，为实现一定社会意识形态领域里经济社会发展所需要的德育目标，围绕现代德育的内容，在局域网和广域网上所开展的一系列德育教育和管理的活动过程。侧重德育价值的概念界定，不仅强调了德育过程的网络技术使用，还强调了将网络作为德育实施的范畴，网络德育实施的最终价值也被突显出来。较侧重网络技术使用的概念界定，不仅显现了网络德育使用网络技术，还阐述了网络德育的目标；较侧重网络德育范畴的概念界定，不仅强调了在网络范畴进行德育，还提及了网络德育的内容及目标。但是，此种定义也没有强调网络德育对象的主体性。

本书认为，网络德育即学校网络思想政治教育，就是利用网络有目的、有计划、有组织地对学生网民进行的以政治思想教育为重点的，思想、道德、心理等综合教育的网上双向互动的虚拟实践活动。

2. 网络德育与现实德育的关系

网络环境由于其自身虚拟性的特点，在很大程度上会对现实德育起到削弱作用。不过，网络德育的发展必须要以现实环境为依据。如果脱离了现实，则必将使社会德育功能处于一种混乱的状态。与此同时，在价值原则上，现实德育与网络德育也具有一致性的特点，两者存在互动性。

（1）现实德育对网络德育具有主导性作用。现实德育，除了能够作为人们日常行为准则的基础，也能够对于不同层次的人们起到激励、约束性的效果。在社会快速发展的过程中，人们目前已经进入网络信息时代，也由此产生了大量的网络德育问题。网络德育问题是由于人们在网络环境下的行为与现实环境中存在差异而产生的冲突。现实德育对于网络德育具有规范性、指导性和调节性的作用，会对网络环境运营产生重要的影响。所以，从某种程度上来说，网络德育能够看作现实德育在网络空间中的延伸。

（2）网络德育也会对现实德育起到一定的反作用。网络德育的发展，起源于现实生活中的德育体系，不过和现实德育存在很大的差异。现实德育大多采用面对面的德育方式，而网络德育是通过互联网平台进行的德育，具有虚拟性特点，是点对点的德育方式。网络德育对现实德育的反作用体现在以下几个方面。

一方面，网络德育能对现实德育起到很好的补充性效果。网络德育是现实德育在时代发展中衍生出的全新的行为模式，能够对社会规范、社会美德起到规范性效果。另一方面，网络德育会使现实德育面临困境。在网络空间中，个人大多是以符号、数字的方式出现的，不同人群之间的交往也是通过数字来开展互动的。因此可以说，现代化网络技术模式极大地影响了人们的网络思维模式和网络行为习惯的动态性，由此出现了“网络中的我”“现实中的我”两种不同的状态。对于“网络中的我”，由于缺乏必要的监督，出现了现实德育困境。

（二）高校网络德育内涵

随着网络教育的不断发展，高校德育工作也将面临新的发展环境。高校德育工作者应积极应对这种情况，积极开展网络德育工作，同时利用自身发展优势，不断应对新的挑战，以推进网络道德教育的发展。这些都需要从基本的概念着手。目前，在学术领域中，学者对于高校网络德育的含义尚且没有形成统一的意见。学界有关网络道德教育概念的界定有很多，不过都一致认为应将“德育”与“网络”连接起来。他们指出，高校网络道德教育是通过网络技术，通过高校道德教育目标，将道德教育在现实和虚拟社会中的作用充分发挥出来，以使大学生逐步成长为社会所需人才。将高校网络道德教育具体界定到高校后，其对象将更加明确，即在校大学生。❶

本书认为，高校网络教育实际上就是高校网络德育工作人员利用网络优势，针对大学生思想、行为方式及逻辑思维等进行的双向互动实践教育活动。在研究过程中，本书拟从师资队伍、德育内容、德育环境及方式方法等维度进行调查研究，以此来揭示自媒体时代高校网络德育发展的现状。

（三）高校网络德育的特征

作为一种特殊化的德育模式，高校网络德育的特殊性决定着它与高校传统德育存在较大的区别，具体体现在以下方面。

1. 广阔性与趣味性

网络环境下，高校德育的空间进一步扩大。高校传统德育主要是以教师为中心，德育处于被动化、封闭性的状态；而在网络环境下，高校德育逐渐转变为以学生为中心，具有主动性、开放性的状态。在高校教师和学生的日常生活、学习中的各个方面，教师和学生对于网络的应用早已屡见不鲜。同时，网络德育形式也得到了快速的发展，如网络心理咨询、在线讨论等方式，这有助于提升学生对于德育的浓厚兴趣。

2. 平等性与互动性

在传统高校德育中，教师毋庸置疑地在课堂教育中处于主导地位，学生则处于被动接受的状态。而网络德育的出现与发展，为教师与学生营造了一种平等的环境与气氛，大学生的主体性被突显出来。可以说，网络德育的发展使得师生能够在自由和平等的环境下开展交流与互动工作。

3. 虚拟性与隐匿性

虚拟性是指网络是无形的，网络可以凭借知识、消息、声音、图像、文

❶ 邢亚希 . 高校网络德育研究 [D]. 保定：河北大学 ,2015.

字等形式表现出来。[1]在网络上，人们基本都是通过符号来实现彼此之间的交流，个人信息被掩盖，不同群体都能够以匿名的方式存在，彼此都不了解交流的对方的真实情况。所以，高校网络德育正是应用了网络人际交流中具有的隐匿性，这有助于让学生敞开心扉，表达自己的观点。

（四）自媒体对高校网络德育的价值与意义

自媒体爆发出的强大能量和吸引力，使大学生成为主要的使用人群。因此，如何通过挖掘和利用自媒体的特点来引导大学生的舆论方向，了解并疏导大学生的思想，创造性地开展育人工作有着非常重要的价值和意义。

1. 扩宽德育渠道是高校思想道德教育的新途径

青年大学生处于心理断乳期，同时也承受着源于人生目标、学习成绩、环境与人际关系等变化带来的心理压力与困惑。从心理学角度考虑，作为具有社会性的“人”都有着感情上的双重需要：宣泄与认同。大学生同样需要抒发感情、诉说苦闷，同样渴望得到他人的认可、关怀与理解。然而处于青春期的大学生有着独立、叛逆心理，他们不满足于传统的面对面沟通，不乐意接受“灌输式”的思想教育。自媒体在一定程度上顺应了大学生的社会交往需求，在技术上支持个人表达，在人际交往上架构了跨越时空的人际软环境，在师生、同学之间架起了一座心灵沟通的桥梁，改变了学校思想政治教育中教师唱“独角戏”的尴尬局面，形成了师生之间德育的有效互动，为构建符合教育本质的思想道德教育体系提供了便捷的平台，是高校德育的新途径。

2. 增强信息交互是师生、家长交流互动的新桥梁

网络跨越时空的特点和交互式的教育方式使教育者与被教育者双方能够进行交流和探讨，由过去的单向传递转变为积极互动的多方交流。针对师生间联系弱化、沟通障碍等现象，自媒体给予了很好的解决，充分实现了师生课外的零距离互动，其平等性的特点使学生在德育中的主体地位得以确定和实现，促进了学生对学校传递的道德价值的理解和认同。自媒体的便捷性和开放性可以帮助教师利用网络环境开展丰富多彩的学生活动，及时发现学生的各种思想倾向，有针对性地引导学生就某种道德现象展开讨论。同时，自

[1] 谢春萌 . 网络信息环境对大学生人格形成的影响分析 [J]. 学理论 ,2014(15):83-84.

媒体的互动性可以促进学校与家长的沟通交流，成为家校互联的新桥梁。通过建立及时、畅通的“网络互访机制”，家校之间相互通报学生在学校、家庭中的主要活动、思想道德表现和其他日常生活状况。因此，建立高校、社会、家庭相结合的自媒体网络体系，可以形成一股德育教育合力，促进学生健康成长。

3. 引导网络舆情方向是和谐校园文化建设的新平台

校园文化具有规范、引导、激励、辐射的功能，通过开展各种学生喜闻乐见的文化活动，潜移默化地影响学生的世界观、人生观和价值观，提高学生对社会道德要求的认同。自媒体时代为学生提供了一种自由、自主、随性的表达方式和平台，使学生的思想表现更加活跃、大胆、推陈出新。高校应该利用自媒体时代的特点开展思想政治教育工作，引导主流价值观，形成符合社会主旋律的思想观念。一方面，高校应该加强对网络舆情形成和传播规律的探究，分析大学生的网络心理特征和舆论需求，掌握学生对热点事件、敏感问题的关注情况，有效地引领网络舆情方向，使学生形成符合社会主义主旋律的价值观。另一方面，高校要通过建立各种层次的博客，特别是建立由老师参加的辅导员博客、家长博客和班级博客，与学生建立良好的网络人际关系。同时，通过博客的建设让学生展现班级风采、体现班级特色、宣传班级文化，从而形成良好的校园文化氛围，有效地引导、激励学生。

二、自媒体时代高校网络德育的现状

（一）高校网络德育队伍缺乏素养

不管当前阶段科技产业如何发达，在教学的整个阶段中，教育学科依旧扮演着非常关键且不可或缺的角色，所以高校的教职人员应当对现阶段的自媒体运营有一个清晰的认识，并能够接纳自媒体技术。目前高校的教职人员仍须提高互联网操作技术，避免出现不能合理地将自媒体与具体的课程实践相结合，在实际教学过程中操作不当等情况。

现阶段大学生可以借助自媒体这一平台来多方面整合各类信息资源并扩展自身的知识储备量。与学生的理解和接受能力相比，教师的网络舆论传播情况却存在较大的差距。因为教师在展开实践教学工作的整个阶段中，对自媒体缺乏整体研究，绝大部分教师在此之前并不了解自媒体的具体应用情况，导致其缺乏基本的自媒体素养和相关的实践操作能力。[1]这样，在自媒体的运用中师生之间的差距就拉大了，形成了“无知多学问少”的不良现象，而这种情况也对教师这一职业的权威性产生了消极影响，使许多学生开始质疑教师的专业能力。即便部分教师会通过自媒体来进行教学，但利用不够充分，很难拉近与学生的距离。自媒体时代网络德育对队伍形式提出了很高的要求，高校应充分了解学校本身的状态，在最初团队的基础上吸收专业优秀的人员，构建一个符合自媒体运行机制的、与时俱进的更为科学合理的德育团队，以提高当代大学生的道德教育水平。一支高质量、高水平的道德教育团队，已然成为培养大学生道德修养的重要根基和力量。

第一，高校德育教师掌握自媒体等现代教育技术的能力不高。出现这一问题主要是由于高校教师在实际工作中不重视对网络知识的学习。虽然高校德育教师具备了最基本的信息技术操作能力，但他们对自媒体手段的应用还不娴熟，也没有熟练地掌握自媒体的特点、功能和使用等相关问题。

第二，高校对德育教师专业知识和技能的培训还不充分。高校尚未认识到只有提高德育工作者自身对自媒体的掌握能力和使用频率、更熟练地使用自媒体，才能加强与学生之间的沟通与交流，拉近与学生之间的距离，推动高校德育工作的落实。

（二）高校网络德育内容不完善

1. 自媒体虚拟与现实的矛盾

虚拟性是自媒体的基础性特点之一。虚拟技术不仅仅是一种技术工具，更重要的是它嵌入人类生活的社会文化系统之中，使以往的社会文化系统发生了翻天覆地的变化。而在虚拟与现实的碰撞中，当代大学生的道德观念也受到了冲击。

（1）由于时间和空间特征已经改变。一方面，自媒体网络较为庞大；另一方面，它集中并放大在屏幕上，可以说是“一个没有空间的地方”。而虚拟世界并不等同于现实世界，虚拟与现实的矛盾，最主要的表现就是社会与人的虚拟方面与现实方面发生脱节、分离甚至冲突，这也是自媒体时代大学生面临的重大问题，如果不能很好解决，会使其意志消沉，从而使其了解和改造实际生活的能力得到消解。

[1] 陈玉梅，陈珊珊. 自媒体在高校学生心理危机干预中的作用 [J]. 高教探索，2017(8):112-116.

（2）由于人际交往、情感需求与虚拟社会的冲突。人的社会性是双方通过当面的活动与对话并在精神逐渐趋同的过程中所展示出来的，并在此基础上产生情感沟通。自媒体使这一现象产生了变化，人们不再单纯地依靠面对面沟通。长时间通过通信工具完成的交流使现实生活中的沟通受到极大的冲击，这一交流方式使人们的人际关系出现愈加冷漠的倾向。

若在高校德育中无法将这些问题解决，大学生在实际生活中就会产生越来越多以及越来越严重的信任危机。

2. 自媒体普及与传统德育的矛盾

自媒体使传统的学习和传播文化的方式发生了变化，德育方式由原本的“用嘴巴读”和“用脑袋想”变成了现在的“用耳朵听”和“用眼睛看”。之前传统的传播方式迅速被转化，人们对视觉文化传承的认识和接受的速度越来越快。对于大学生来说，基于情感的交流更容易被接受，自媒体使他们的这一需求得到了很大程度上的满足。传统的德育方式是采取长时间的熏陶，通过历史比较和批评错误的价值观，以指导规范的道德行为，或者是通过对实际生活进行赞赏或批判、对未来进行探索，从而获得新的生活。传统德育更加注重理性和抽象的思维，拥有系统的知识体系，这与自媒体感性和碎片化的传播方式大相径庭。自媒体和传统德育的这一矛盾是自媒体发展的必然结果。

3. 自媒体发展与学生信息依赖的矛盾

自媒体是随着信息技术的进步而发展起来的。信息技术的每一次进步都会使社会产生各种变化，使人们的生活更加丰富，并产生新的行为和交流方式、创造新的社会关系和人际关系，影响了人们的价值标准和思维方式。但是，随之产生的还有一系列的问题和矛盾。

自媒体和信息环境异常复杂，大学生对其产生的依赖感使自身逐渐迷失，并渐渐丧失了分析和管控信息的能力，甚至被信息奴役。首先，大学生对信息的过分依赖。现阶段部分大学生始终沉浸在网络信息当中，并对这些信息极为依赖。在现在的大学生群体中，“网虫”“网游迷”可以说是屡见不鲜。其次，大学生对信息的盲目追求。现阶段大部分的学生都对信息进行了过高的价值评价，他们对信息的基本特征并不了解，却对其进行盲目的追求。将信息看作资本、财富甚至是力量的大有人在。最后，信息污染。通过自媒体进行传播的信息中有很多都是伪造的、落后的或错误的，这些信息会产生极大的污染。与此同时，在自媒体数量庞大的信息中，无效信息所占的比例并不低，这会导致具有实际意义的价值反而不被重视，这样一来就出现了“了解得多，有用得少”的尴尬局面。

（三）高校网络德育环境不佳

1. 自媒体管理机制不健全

自媒体的管理问题自始至终都是社会关注的焦点所在，特别是自媒体导致的各类网络事件使人们更加鲜明地意识到规范自媒体平台的重要性。例如，社交平台中的人肉搜索和网络水军的不规范言论等情况，在一定程度上均表明现阶段自媒体所存在的不足。在自媒体盛行的现状下，任何一个独立个体均可以成为参与自媒体的主体，但在参与的过程中由于缺乏良好的监督管理机制，具有较强的随意性，容易带来一些弊端和隐患。因此，当前阶段，我国自媒体的管理机制还存在较多的不足之处，必须在未来阶段不断完善。

2. 自媒体团队建设机制不到位

自媒体时代的德育团队，应当是大学、社会和政府的统一。但当前这三个层次的建构都非常滞后，与自媒体时代的发展要求不相符。

第一，从大学层面上来看，高校在进行思想道德层面的教育、宣传时容易碰壁。也就是说，高校德育工作者虽然有较高的政治素养，但对信息化时代的感知和认识不足，甚至比较排斥自媒体这种新生事物，无法快速适应新的发展环境。这将极大地限制自媒体时代德育团队的构建。

第二，从社会层面上来看，自媒体的构建虽然有一定的发展，但都是在商业逻辑下进行的，并且人们的德育意识不强，盲目追求经济效益。这样的环境反而会对德育产生负面的效果。

第三，从政府层面上来看，在自媒体的条件下，政府对舆论队伍建设的重视还不够。由于自媒体传播的自由性和开放性，过去政府对信息的控制在某种程度上来说被削弱了，这很容易导致舆论的多点开花势头。许多大学自媒体团队仍处于自发性状态，尚未建立完善的机制，也没有形成常态。

3. 自媒体评价机制落后

在自媒体时代下，高校德育的评价机制存在以下问题。

（1）德育评价主体不够多元。如今高校德育效果的评价通常是由教育行政部门依照现有教育评价标准执行的，很少有来自社会和家庭等其他方面的评价，而社会和家庭却是学生思想教育中必不可少的一部分。在自媒体时代，社会和家庭的参与度其实很高，如果缺乏相应评价，就很难将德育效果准确地体现出来，且会导致部分家长将德育责任都推给学校。所以，如果缺乏科学的评价机制，自媒体时代德育主体将无法明确界定自己的角色，从而达到预期成效。

（2）现实评价内容不够丰富。高校对德育效果的考评基本以出勤率、考试合格率等维度为基准，很少涉及自媒体空间的德育成效调查情况，或者仅仅将其作为某个载体加以衡量，可以被置于任何备选位置。虽然相关标准还需要进行更加深入的分析和探讨，但是由于缺乏相应的评价机制，必定会影响自媒体环境下高校德育的成效。

（四）高校网络德育方式陈旧

自媒体平台与高校传统德育的融合还不够深入。传统思想政治教育已被证明是一种行之有效的方法，取得了良好的效果。现阶段，自媒体虽然受到越来越多的关注，但在与传统德育模式的融合与互补中，仍然没有一种规范化的模式。传统的德育有着悠久的历史，在长期的实践中已形成一定的理论与方法，但这些方法的选择大都是重视内容和特点。实际上采用什么样的教育方法，需要根据实际情况进行选择，因此运用自媒体开展德育工作时不能完全移植传统德育的方法。由于自媒体起步较晚，内容和形式的选择与传统模式有所不同，因此高校就更需要注重德育的内容并创新形式。而在自媒体德育的实际情况下，许多高校的自媒体德育建设是传统德育的原创性复制，忽视了内容的丰富性和趣味性，降低了学生的可接受性，也使许多自媒体项目未能达到立德树人的教育效果。在大学生成长与发展的实践中，高校需要不断探索发展规律、尝试新思路、采用新方式，深化自媒体与传统德育的融合。

三、自媒体时代高校网络德育应对策略

虽然自媒体时代的到来使高校德育工作得到突破性的发展，但高校同时也遇见了过去未曾接触的挑战。自媒体作为网络发展衍生出的理性成果是“人为的”，但高校德育的目标却是“为人的”。如果要解决当前困境，就必须寻求新的发展契机，针对当前的发展途径寻找破解之路。基于此，本书将从德育队伍、德育内容、德育环境、德育形式这四方面出发，寻找有利于高校网络德育发展的途径。

（一）建设全面高效的德育工作队伍

在自媒体时代，高校网络德育的发展须注重完善德育队伍结构，建设一支自媒体应用意识强，懂得借助自媒体、擅长自媒体操作的高素质的高校德育队伍。唯有如此，才能真正地落实网络德育工作，并建立适合大学生的自我德育之路。

1. 完善高校德育队伍结构

在高校育人体系中，德育队伍存在的价值在于践行社会主义办学理念、党的教育理念，同时将大学生培养成社会主义建设者和接班人。自媒体时代对高校德育队伍建设提出了新的要求。只有德育队伍顺应时代又维持较高的素质水平时，才可以顺利地开展高校德育工作。简而言之，在自媒体时代，高校要开展网络德育工作，就必须完善德育队伍结构，通过多元化的德育方式来确保网络德育工作中既具备传播学，又包含互联网技术、思想政治教育学等特征。

因此各大高校在落实德育工作时，必须以实际情况为主，在原有的基础上建立符合要求的网络德育队伍。当德育队伍结构的完善度和专业性水平较高时，才可以依据当前的高校自媒体发展趋势，设计出正确的前进方向，并通过合理的建设工作，使学生通过高校网络德育改善自身存在的某些不足，提高思想政治素养和道德水平。

2. 提升高校德育队伍的自媒体意识

（1）德育工作者应提高自身对自媒体德育工作的认知。虽然自媒体的功能本身非常多元化，但在目前的德育模式中，高校并未充分利用它的价值。针对大学生群体而言，自媒体的作用是引导大学生形成正确的价值取向，并体现出大学生群体当前的德育状况，构建大学生的价值理念。自媒体可以每时每刻地发挥德育作用，其德育功能远远超过了德育工作者的想象。众所周知，自媒体具备形式多样新颖的特征，如果将其作用于高校德育工作，可以让大学生的校园生活更加丰富。此外，自媒体也可以利用舆论导向，营造出适合网络德育发展的高校校园文化氛围。为了达到目的，德育工作者必须深入了解自媒体的德育功能，认识到自媒体存在的意义和影响。笔者认为，高校德育工作者必须深入探讨自媒体的作用，将自媒体与德育工作相结合，最大限度地激发出大学生自我德育的主体意识。

（2）提高高校德育队伍的自媒体素养。高校德育工作者是培养高等人才的教育者，如果其具备良好的媒介素质和能力，那么对于德育工作开展的实际效果是十分有利的。媒介素养运用思想最早诞生于20世纪30年代的英国，关于媒介素养，学者最认可由亚历山大（Alexander Fedorov）教授提出的概念。该教授认为，人类在使用自媒体时具备显著的主动性，媒体素质高的人不仅可以接收内容，还可以创造内容。当他们了解社会政治内容，又懂得利用编码在线系统时，可依据个人能力传播网络德育的相关内容，并以此体现出该团体的责任心。❶自媒体时代对高校德育队伍提出了新要求。一方面，相关德育工作者必须学习并掌握当前的网络技术，提升自媒体操作能力和运用能力。在日常生活中，他们要熟悉各大新兴自媒体的内容和特点，大胆地探索、创新运用自媒体开展德育工作的新思路和新路径，充分发挥自媒体在高校德育中能够实现的各种功能。另一方面，学校在开展德育工作时，必须要保持积极的态度，在规定时间内组织相关工作者进行培训。通过这些方式提升德育工作者对自媒体的应用水平与熟练程度。众所周知，自媒体的使用者人人都是“麦克风”，这既畅通了个人表达的渠道，又给了一些不良信息传播的空间。为此，高校德育工作者必须充分熟知自媒体的运作方式和使用方式，当遇到不良信息的传播时能够快速及时地做出反应，不断净化自媒体生态、促进自媒体德育健康发展。

3. 鼓励德育队伍的自媒体参与

“参与”分为主动参与、被动参与，而自媒体更偏向于前者。高校德育工作者要保持积极的态度，充分发挥自媒体平台的作用。换言之，高校德育工作者必须以主动参与的态度通过自媒体平台落实高校德育工作。

（1）高校应鼓励德育队伍使用自媒体。高校应鼓励和引导德育工作者开通个人自媒体账号，帮助其更好地掌握自媒体的各项使用技能。德育工作者可以在了解自媒体的基础上重点整合自媒体平台上与德育相关的信息资源，巧妙地把自媒体和日常的德育相结合，通过课程教育引导学生从心底里接受德育。此外，高校官方自媒体还应针对德育开设专栏，营造出更适合建设德育队伍的氛围。大部分高校在日常教育中，都会通过自媒体平台开展德育，但其时效性较低，甚至有许多高校都是以自媒体的方式宣传无关德育的内容，并未合理地管理、利用官方自媒体。因此，高校不应仅仅局限于开设官

❶ 赵敏．新媒体环境下大学生德育创新研究 [M]. 济南：山东人民出版社，2012:150.

方的自媒体账号，还应在此类平台上开设德育专栏，联合德育工作者正确引导网络舆论，激发大学生的自我德育意识，只有这样才能利用这一平台使高校德育队伍和大学生之间保持良好的互动关系。

（2）高校应提倡自媒体与课堂相互结合。部分学者认为，网络就是学生的“第三课堂”，且该课堂中并无教师这一角色，这对“网络意见领袖”成长很有帮助。换言之，第三课堂即为实践教学，如果想在自媒体领域中把握主动权，就应将自媒体引入第一课堂和第二课堂。第一课堂主要通过教材、教学大纲制定教学内容，教学时间也有规定，将自媒体引入第一课堂，使现实课堂与虚拟课堂相结合，能够以网络带动课堂，这样大学生的主体性、独立思辨能力和自主学习能力都会得到相应提高；第二课堂主要是学生的课外活动，在该课堂中，如果教育者懂得利用自媒体的力量，重视高校德育中大学生的主体地位，与学生取得良性沟通，就能使师生之间更为广泛的互动变为现实，从而提高高校德育的针对性和实效性，使自媒体德育功能得到更大限度的发挥。

（二）构建自媒体时代高校德育内容

如果要提高高校德育的吸引力，就必须以充实、积极向上的内容为主题，只有这样才能尽快提高德育的时效性。由此可见，高校在自媒体时代必须丰富德育的内容，才能推动其发展。一方面，自媒体平台本身就包含了多种信息，高校德育工作者应以此为基础，利用平台中的信息改善传统的德育工作方式，打破传统德育内容贫乏、形式缺乏多元性和创新性的制约；另一方面，自媒体平台的传播内容非常复杂，随时随地都会对大学生的学习和生活产生很大影响。所以，高校应重视德育内容的构建。

1. 创新与自媒体相融合的德育内容

目前高校德育教材的内容吸引力较低，学生面对该类型的德育教学时兴趣不大，这也使德育的实效性降低了许多。而且大部分的德育均存在说教、灌输等教学模式，在该类型的教学方法中，学生处于被动的状态。从本质上而言，该教学模式不利于德育的发展。所以，高校应该通过创新教学模式，设计出与时俱进的教学方案，将高校德育与自媒体进行融合，利用自媒体中的德育资源，不断挖掘其中有价值的德育素材，才能把德育和大学生的生活与学习相结合，而不是仅仅将德育工作停留在刻板的概念和乏味的知识中。

2. 构建本土与全球一体化的德育内容

高校在制定德育内容时，既需要继承与弘扬本土的文化，又要将其与现代特色相结合，使社会主义核心价值观融入大学生的思想体系。中华五千年的历史文化博大精深，自媒体上纷繁复杂的信息轰炸并不能撼动本土文化的价值和地位。在自媒体的传播生态中，要高度警惕网络谣言。除了负能量的谣言，还要警惕与敏感事件或思想文化相关的正能量谣言依然会给社会的稳定造成不利影响，甚至会让大学生产生错误的价值理念。正如在朋友圈中经常传播的哈佛校训、军规等，虽然都属于正能量，但是却融合了西方意识形态，对我国学生而言并不一定合适。可见，大学生肩负着“中国梦”的伟大使命，无论时代如何发展与改变，都必须时时刻刻谨记和弘扬中华本土文化。

目前自媒体平台传播的外来文化和信息内容良莠不齐，高校应对此类内容进行整合与吸收，化弊为利、因势利导，构建优良的德育内容。自媒体为全球不同文化之间的相互碰撞提供了平台，本土化为吸收全球优秀德育文化奠定了坚实基础。因此，高校应当构建本土与全球一体化的德育内容。

3. 促使传统德育与现代德育相融合

高校在自媒体时代的背景下设计德育内容时，必须要将与时俱进作为首要条件，但这并不代表德育内容中不可掺入传统德育、仅将现代化作为主题。无论是在哪个时代，都需要将传统与现代文化相结合，结合传统文化的独特魅力与现代文化中的时代价值，将现代与传统德育相融合，这样既能展现浓厚的历史文化底蕴，又能够跟随时代的发展。唯有如此，才能将当前德育中的不足之处慢慢加以改善，培养大学生的德育情操。但是，在对高校德育内容进行创新时，高校也应该意识到这不仅仅是更新换代，更是审时度势、推陈出新。在创新的过程中，高校需要把传统德育与现代德育相融合，借鉴并吸收传统文化的精髓，再引入现代特色，唯有如此才可以推动高校德育内容的创新发展，并培养出具有优秀情操和高尚品质的大学生。

（三）改善自媒体时代高校德育环境

1. 完善高校内部制度建设

面对自媒体时代，高校逐渐明确了制度建设的重要性。但目前高校对网络管理的措施尚不全面，效果也并不理想，内部制度建设的道路依然任重而道远。

（1）高校应加强制度方面的规范。社会需要健全相关的法律法规来保障自媒体上的各种网络行为，相应地，高校也应当根据国家设立的规章制度和本校的实际情况，通过制定合理的制度来确保自媒体管理有规可依、有章可循。在高校网络媒体管理中，规章制度非常重要。当教育者落实管理工作时，可通过规章制度找寻到可行性较高的途径，并以此掌握当前的网络环境发展状态，再制定出合适的发展规划。高校建立的规章制度应与大学生的实际情况紧密联系，以此保障他们使用自媒体的安全性和可靠性。比如，推行实名制制度，或者是建立与自媒体系统相符合的应急措施等都属于有效的规章制度。

（2）高校应提高技术方面的保障。高校在完善制度建设、管理自媒体时，必须优化自媒体管理水平，只有这样才可以尽可能地减少不良信息入侵校园网。目前，高校主要以防火墙技术、防病毒技术、安全设计技术等作为常用的网络媒体安全技术。虽然这些技术从某种程度上而言，可以过滤部分不良信息，但还无法杜绝，所以高校的技术人员必须不断地学习新技术，提高校园网的安全性。此外，与高校相关的部门也要尽心尽责地监控自媒体信息内容，保护大学生远离其毒害，以净化校园德育环境。

2. 政府大力强化网络监管力度

在自媒体时代，高校应用网络媒体的普遍性极高。为了确保其科学性和有效性，政府必须注重网络监管工作，才可以更好地发挥高校实施德育工作的积极性。政府通过网络监管可以过滤大部分不良信息，从而避免这些因素对高校德育环境造成污染，同时也能维护大学生的身心健康，防止高校德育工作的正常秩序受到影响。基于此，笔者认为必须要把政府的监管作用充分发挥出来，加强与网络相关的监管力度，才可以解决当前困境，使网络德育工作进行得更顺利。

（1）必须要提升自媒体人的责任意识。在如微博、微信等常被人们使用的自媒体平台中，每个个体都有可能具备舆论导向能力。尤其是网络名人，他们的言论会引起众人的热议，某些事件也会引起社会关于德育的热烈讨论，其中不乏大学生群体。谣言止于智者，若想从源头树立正确的舆论导向，自媒体人的言行就应当受到管理和约束，从而提升他们的责任意识。俄罗斯政府在处理此类型的事件时，是通过法律渠道处理问题的，政府会要求网络名人向政府备案，以此提高网络行为的规范性。这种做法是值得参考与借鉴的，也从一定程度上反映了自媒体人的责任意识对于自媒体规范运行的重要性。

（2）政府应建立网络信息监管体系。这是强化网络监管力度的关键环节，也是维护自媒体平台言论安全的需要。在必要时刻，政府需要通过行政、法律等手段，逐步调整德育环境，营造出有利于高校网络德育发展的环境。现如今通过政府的治理，相当一部分严重污染网络环境的信息出现率已然降低，但仍然有部分“漏网之鱼”对大学生的身心健康造成影响，使其无法保持正确的德育认知和行为。此时，政府应当通过严厉的方式对网络信息进行规范，以完善网络信息监督控制系统，同时将监管工作科学化、法律化，指导高校德育环境的建设，营造一种良好的网络德育环境。

3. 构建“校生合一”的舆论环境

如今，互联网以其独特的优势拓宽了大学生的视野，已成为大学生生活和学习中非常重要的组成部分。在践行高校道德教育工作时，网络也是必不可少的一项技术，而高校道德教育工作者可以通过网络这一载体的充分利用，搭建自媒体平台，构建“校生合一”的自媒体舆论环境，促进高校德育工作的落实。

高校应当重视校园自媒体主平台的建设。处于自媒体时代的背景下，高校可以充分利用官方微博、微信公众号等平台，建立高校德育官方主平台，尽可能提高宣传工作的存在感。同时，高校也可指派专业负责人管理微信公众号、官方微博等，利用信息发布的方式提高德育信息在学生生活中出现的频率。一方面通过敏感的触觉去感知社会新颖的主题、时尚的话题，以增强自媒体对大学生的吸引力；另一方面也可以深入讨论和分析大学生容易迷惑和迷茫的问题，引导大学生树立理性思维，使其懂得站在理性的角度思考问题，只有这样才可以将自媒体的舆论导向作用充分体现出来，使高校重新占据德育的主动权和话语权，构建和谐的德育环境。除了校园官方平台，校方还可以鼓励教师等德育队伍中的相关人员开通微信公众号或个人微博，利用网络语言向学生传递德育知识，避免僵硬的思想教化影响德育发展。另外，高校还可以通过网络与现实的配合，缩小师生间的距离，进而形成完善度更高的德育体系，构建“校生合一”的舆论环境，促进高校德育环境的改善。

（四）转换自媒体时代高校德育方式

在现行阶段，自媒体尚未与高校德育工作较好地结合，高校并未完全驾驭自媒体，将其物尽其用。笔者在进行实证研究认识到当前的德育困境后，总结出以下几个方法，为将传统的德育形式转换为新时代高校德育方式提供思路。

1. 从德育灌输回归生命关怀

以灌输为主的德育方式，是目前高校开展德育工作时应用的主要方法。但在自媒体时代的渲染下，学生的主体性和自主性日益突显，灌输式德育方法已经不能完全适应时代的需求，回归生命关怀的德育形式是使德育摆脱困境的主要方式。如果要体现出生命关怀的回归，就必须以“以人为本”这一理念为基础，将其作为价值的核心和社会本位，让人的生存与发展成为德育的目标。总而言之，德育的目的是帮助人类发展，其服务对象也是人类。叶澜教授指出，教育与个体生命有很大关系，目的是提高个体生活质量而开展的社会活动，其本质就是以人为本，此外，它还体现了生命关怀。因此，生命关怀的回归是对德育核心价值的体现和重要性所在。因此，高校不仅要理解“以人为本”的德育观念，更要将“以人为本”的理念落到实处，强调学生个性化的发展，唤醒其主体意识，为学生个体成长提供可能，只有这样才能真正改变传统德育灌输的德育方法，回归生命关怀。

2. 从单向输送转向双向互动

随着网络技术的高速发展，媒体的传播模式被极大地改变。过去的点对面、一对多的传播方式，也逐渐转为点对点、一对一的传播方式，就连对象都发生了明显的变化。如果高校德育工作者要推动高校德育发展，就必须根据时代的变化，充分利用自媒体与传播方向的关系，设计出合适的德育方式，使自身与大学生的平等对话成为可能和现实，以确保将过去单向道德教育输送方式转变为双向互动的方式。

高校应注重建立德育自媒体对话平台的建设，以便于进行师生、生生和自我对话。如今，微博、微信等自媒体平台的出现，让人们的对话机制发生了明显的变化，而大学生恰巧又是使用这些自媒体平台的重要主体，使用频率也较高。高校若要整合自媒体资源，首先要做的是构建有特色的道德教育交流平台，一方面对平台进行针对性管理，提高教师的参与度，提高学生道德教育的积极性；另一方面应积极践行对话平台工作的反馈机制。构建对话制度，并非跟风、提升高校形象，它的初衷在于触摸大学生的内在世界，与其进行更深层次的交流与沟通，为其答疑解惑，提升其德育品质。此外，高校在建立对话平台的基础之上，不应忽视后续工作，而是应设立舆情监控小组，实时掌握大学生的德育状况，并及时准确地将有效信息提炼并反馈给德育工作者。

参考文献

[1] 初明利，范书生 . 高校德育新视野高校德育的创新与实效 [M]. 天津：天津社会科学院出版社，2004.

[2] 朱炜 . 文化视域中的高校德育研究 [M]. 上海：学林出版社，2008.

[3] 陈坚 . 高校德育研究与实践 [M]. 长春：吉林人民出版社，2013.

[4] 卢黎歌 . 高校德育新探 [M]. 西安：西安交通大学出版社，2009.

[5] 张凤兰，兰玉玲 . 高校德育现状评估 [M]. 沈阳：辽宁民族出版社，2008.

[6] 檀传宝 . 德育原理 [M]. 北京：北京师范大学出版社，2010.

[7] 柴世钦 . 我国现代高校德育解析 [M]. 沈阳：辽宁大学出版社，2008.

[8] 武汉大学思想政治教育系组，王玄武 . 比较德育学 [M]. 武汉：武汉大学出版社，2003.

[9] 鲁洁，王逢贤 . 德育新论 [M]. 南京：江苏教育出版社，2000.

[10] 习近平 . 习近平谈治国理政 [M]. 北京：外文出版社，2017.

[11] 张耀灿，郑永廷，吴潜涛，等 . 现代思想政治教育学 [M]. 北京：人民出版社，2009.

[12] 鲁洁 . 德育现代化实践研究新世纪版 [M]. 南京：江苏教育出版社，2003.

[13] 赵志毅 . 文本与人本高校德育方略研究 [M]. 南京：南京师范大学出版社，2004.

[14] 张鸿燕 . 网络环境与高校德育发展 [M]. 北京：首都师范大学出版社，2009.

[15] 于建东，徐声慧 . 柯尔伯格的道德认知发展理论述评 [J]. 湖南经济管理干部学院学报 .2006（5）：93–94，100.

[16] 张秀春，何佳芮 . 新时期高校德育实效性的思考与对策研究 [J]. 边疆经济与文化 .2009（11）：110–111.

[17] 王建斌 . 高校德育教育实效性探析 [J]. 黑龙江高教研究 .2005（9）：43–45.

[18] 朱芳 . 多元文化背景下的高校德育研究 [J]. 科教文汇（上旬刊）.2014（4）：17–18.

[19] 张静芳，陈进华 . 新媒体时代高校德育环境的挑战及其对策 [J]. 道德与文明，2012（6）：115–119.

[20] 黄海 . 我国大学生道德教育的历史回顾与问题审思 [J]. 黑龙江高教研究，2014

（1）：121–123.
[21] 陈恬，孙明辉．短视频时代高校辅导员网络育人工作探究 [J]. 新闻研究导刊，2020，11（23）：5–6.
[22] 欧阳丹．高校心理育人的内涵、特点与实践 [N]. 中国社会科学报，2020–12–04（7）.
[23] 黄宇飞．高校实施文化育人的路径研究 [J]. 发明与创新（职业教育），2020（11）：120–121.
[24] 程力，徐嘉璐．高校网络育人途径优化研究 [J]. 长春理工大学学报（社会科学版），2020，33（6）：5–8.
[25] 吴昭圆，李佑成．高校组织育人的探索与实践 [J]. 产业与科技论坛，2020，19（22）：210–211.
[26] 黄翠萍．新时代高职院校文化育人的实现路径探析 [J]. 佳木斯职业学院学报，2020，36（11）：166–168.
[27] 凌宏伟．新媒体时代背景下高校网络育人路径探析 [J]. 经济师，2020（11）：24–25.
[28] 冯子怡．高校心理育人面临的现实难题及其突破 [J]. 现代职业教育，2020（44）：194–195.
[29] 周本卫．构建红色文化育人教学体系 [N]. 中国社会科学报，2020–10–27（4）.
[30] 陈德堃．略论新时代高校网络育人体系的建构 [J]. 福建工程学院学报，2020，18（5）：486–490.
[31] 朱金融．浅谈新媒体背景下网络育人新路径 [J]. 辽宁高职学报，2020，22（10）：109–112.
[32] 沈芳，刘兵勇．高校院系文化育人的原则探析 [J]. 上海管理科学，2020，42（5）：119–121.
[33] 王洪见．校园文化在育人中的教育功能探析——以北京财贸职业学院钱币校门和运河微缩景观为例 [J]. 北京财贸职业学院学报，2020，36（5）：43–46，52.
[34] 程俊刚．“组织育人”视角下高校学生党支部、团支部、班级协同工作机制研究 [J]. 科教文汇（上旬刊），2020（10）：28–29.
[35] 申彦丽．“心理育人”视角下高职院校心理健康教育育人模式探索——基于心理普查结果 [J]. 轻工科技，2020，36（10）：120–121.

[36] 赵德虎 . 普通高校“十大”育人体系实施有效性思考 [J]. 科教文汇（中旬刊），2020（9）：35–36.
[37] 赵放辉，毛剑，于梦飞 . 新形势下高校网络育人工作的思路 [J]. 西部学刊，2020（16）：110–112.
[38] 刘亚宁，严丽纯 . 组织育人导向下高校学生社团工作思考 [J]. 青年与社会，2020（23）：50–51.
[39] 许慧霞 . 自媒体时代下研究生德育困境研究 [D]. 武汉：华中师范大学，2014.
[40] 马军红 . 内化视域下高校德育研究 [D]. 石家庄：河北师范大学，2015.
[41] 张娅婧 . 新时期高校德育教育实效性研究 [D]. 济南：山东大学，2015.
[42] 乔颖 . 中国传统孝文化与当代高校德育 [D]. 长春：东北师范大学，2013.
[43] 杨金铭 . 高校德育现代化研究 [D]. 哈尔滨：哈尔滨师范大学，2017.
[44] 邓加强 . 全球化背景下高校德育面临的困境及出路问题研究 [D]. 秦皇岛：燕山大学，2012.
[45] 陈中建 . 高校德育系统工程研究 [D]. 南京：南京师范大学，2008.
[46] 束梦雅 . 自媒体时代高校网络德育的困境及出路研究 [D]. 扬州：扬州大学，2019.
[47] 柴改丽 . 自媒体时代大学生道德教育面临的挑战对策 [D]. 海口：海南大学，2018.
[48] 马鼎鑫 . 高校“知行合一”的德育教育研究 [D]. 太原：中北大学，2014.
[49] 黄红立 . 中华优秀传统文化融入大学德育工作研究 [D]. 长沙：湖南大学，2013.
[50] 徐元善 . 中国古代德育理论述略 [J]. 徐州师范大学学报（哲学社会科学版），1993，19（4）：128–132.
[51] 韩翠丽 . 优秀传统文化融入中小学德育研究 [D]. 石家庄：河北师范大学，2017.
[52] 袁安妮 . 中华优秀传统文化融入高校德育研究 [D]. 西安：西安理工大学，2019.
[53] 葛艳丽 . 新时期高校德育方法创新研究 [D]. 哈尔滨：哈尔滨师范大学，2011.
[54] 徐丽屏 . 高校校园文化德育功能发挥研究 [D]. 武汉：华中师范大学，2012.
[55] 徐箔 . 我国高校德育教育存在的问题与优化研究 [D]. 长春：吉林农业大学，2014.
[56] 曹根记 . 论高校校园文化与德育建设 [D]. 长沙：湖南师范大学，2005.
[57] 龚少博 . 高校学生社团的德育功能研究 [D]. 西安：长安大学，2009.
[58] 许琛 . 高校社团德育功能提升研究 [D]. 长沙：湖南农业大学，2017.